Chouette

5e

12-13 ANS

Maths

Gérard Bonnefond
Daniel Daviaud
Bernard Revranche

Hatier

 – ISBN : 978-2-401-05126-3

Ton parcours de révision

Commence par faire le test pour te situer. Coche la case ☐ quand tu as révisé un chapitre.

ALGORITHMIQUE ET PROGRAMMATION

Des outils complémentaires

Le Guide Chouette .... au centre du cahier

- Tous les CORRIGÉS des exercices, avec des explications
- Des informations « spécial parents »

Complète ton entraînement sur le site hatier-entrainement.com avec :

- Des EXERCICES interactifs en français et en maths
- Des PODCASTS audio en langues
- Des DICTÉES sonorisées

TEST

1. *Réponds à chaque question du test en cochant la bonne réponse : A, B ou C.*
2. *Vérifie chaque réponse à l'aide du corrigé page 5.*
3. *Si ta réponse n'est pas juste, entoure le n° du chapitre : il est à réviser en priorité.*

NOMBRES ET CALCULS

CHAPITRE

1. Le reste de la division euclidienne de 138 par 18 est divisible par : 1 p. 6
☐ **A.** 3 ☐ **B.** 9 ☐ **C.** 5

2. L'expression $6 + 5 \times 4 \div 2$ est égale à : ☐ **A.** 16 ☐ **B.** 22 ☐ **C.** 13 2 p. 8

3. La plus petite de ces trois fractions est : ☐ **A.** $\frac{13}{18}$ ☐ **B.** $\frac{7}{9}$ ☐ **C.** $\frac{5}{6}$ 3 p. 10

4. L'opposé du nombre relatif 4 est : ☐ **A.** $\frac{1}{4}$ ☐ **B.** – 4 ☐ **C.** 0,4 4 p. 12

5. Le plus grand de ces trois nombres relatifs est : 5 p. 14
☐ **A.** – 7,61 ☐ **B.** – 7,7 ☐ **C.** – 7,609

6. L'expression – 4,5 + 6,3 + (– 3 + 1,2) est égale à : 6 p. 16
☐ **A.** 0 ☐ **B.** 3,6 ☐ **C.** – 3,6

7. L'expression (6 – 8) + [3 + (5 – 2)] – (4 – 7 + 1) est égale à : 7 p. 18
☐ **A.** – 6 ☐ **B.** 0 ☐ **C.** 6

8. L'équation $x + 100 = -100$ a pour solution : 8 p. 20
☐ **A.** $x = 0$ ☐ **B.** $x = 200$ ☐ **C.** $x = -200$

GESTION DE DONNÉES

CHAPITRE

9. Si 2,5 kg de rôti coûtent 40 €, alors 3,2 kg de ce même rôti coûtent : 9 p. 22
☐ **A.** 42,5 € ☐ **B.** 51,2 € ☐ **C.** 43,2 €

10. À l'échelle 1/25 000, une distance de 2 km se représente par : 10 p. 24
☐ **A.** 50 cm ☐ **B.** 5 cm ☐ **C.** 8 cm

11. Un objet qui coûtait 150 € augmente de 2 %. Son nouveau prix est : 11 p. 26
☐ **A.** 153 € ☐ **B.** 152 € ☐ **C.** 300 €

12. Parmi les 32 élèves d'une classe, il y a 4 redoublants. Le pourcentage de redoublants est : 12 p. 28
☐ **A.** 4 % ☐ **B.** 8 % ☐ **C.** 12,5 %

13. Sur la droite graduée suivante, l'abscisse de F est égale à : 13 p. 30

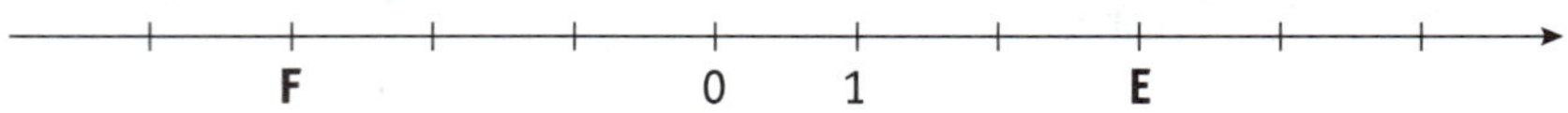

☐ **A.** 3 ☐ **B.** – 3 ☐ **C.** – 4

14. Dans une classe de 32 élèves, on compte 18 garçons.
La fréquence des filles de cette classe est : 14 p. 32
☐ **A.** 43,75 % ☐ **B.** 56,25 % ☐ **C.** 14 %

15. Quand on choisit un nombre entier au hasard, la probabilité que le reste de la division de ce nombre par 5 soit égal à 4 est égale à : 15 p. 34
☐ **A.** 0,2 ☐ **B.** $\frac{1}{2}$ ☐ **C.** $\frac{1}{4}$

GÉOMÉTRIE ET MESURES

CHAPITRE

16. Si le point M est sur la médiatrice de [AB] alors :
☐ **A.** (MA) ⊥ (AB) ☐ **B.** MA = AB ☐ **C.** MA = MB
16 p. 36

17. Dire que A est le symétrique de O par rapport à B signifie que :
☐ **A.** A est le milieu de [OB] ☐ **B.** O est le milieu de [AB] ☐ **C.** B est le milieu de [AO]
17 p. 38

18. Les lettres suivantes ayant un centre de symétrie mais aucun axe de symétrie sont :
☐ **A.** A, M et C ☐ **B.** I, H et O ☐ **C.** N, S et Z
18 p. 40

19. Les angles $\widehat{e}$ et $\widehat{f}$ sont opposés par le sommet et la somme de leurs mesures est égale à 142°. Alors l'angle $\widehat{e}$ mesure :
☐ **A.** 38° ☐ **B.** 90° ☐ **C.** 71°
19 p. 42

20. Lorsque les diagonales d'un quadrilatère se coupent en leur milieu, on sait que c'est un :
☐ **A.** losange ☐ **B.** parallélogramme ☐ **C.** hexagone
20 p. 44

21. Un triangle isocèle a un angle de 106°. Alors ce triangle a :
☐ **A.** un autre angle de 106° ☐ **B.** deux angles égaux de 37° ☐ **C.** deux angles de 74°
21 p. 46

22. L'aire d'un triangle de 1 m de base et de 60 cm de hauteur est :
☐ **A.** 0,3 m^2 ☐ **B.** 300 cm^2 ☐ **C.** 60 cm^2
22 p. 48

23. Un disque a 14 cm de périmètre. En multipliant ce périmètre par le rayon du disque, on obtient :
☐ **A.** l'aire du disque ☐ **B.** deux fois l'aire du disque ☐ **C.** le diamètre du disque
23 p. 50

24. Les trois points A(2 ; 4 ; 9), B(5 ; 4 ; 9) et C(1 ; 4 ; 9) sont :
☐ **A.** sur une même droite ☐ **B.** non alignés ☐ **C.** perpendiculaires
24 p. 52

25. Avec une latitude de 5° nord, on est près :
☐ **A.** de l'équateur ☐ **B.** du pôle Nord ☐ **C.** du méridien de Greenwich
25 p. 54

26. Le volume d'une boîte de conserve cylindrique mesurant 11 cm de diamètre et 10 cm de hauteur est :
☐ **A.** strictement inférieur à 1 litre ☐ **B.** égal à 1 litre ☐ **C.** strictement supérieur à 1 litre
26 p. 56

27. 100 m en 10 s correspond à une vitesse de :
☐ **A.** 36 km/h ☐ **B.** 32 km/h ☐ **C.** 10 km/h
27 p. 58

ALGORITHMIQUE ET PROGRAMMATION

CHAPITRE

28. L'instruction cacher **du logiciel Scratch efface :**
☐ **A.** le lutin ☐ **B.** l'écran ☐ **C.** les erreurs
28 p. 60

Réponses :
1. A 2. A 3. A 4. B 5. C 6. A 7. C 8. C 9. B 10. C 11. A 12. C 13. B 14. A 15. A 16. C 17. C 18. C 19. C 20. B
21. B 22. A 23. B 24. A 25. A 26. A 27. A 28. A

1 Revoir les multiples et les diviseurs

Quels sont les critères de divisibilité ?

Un nombre entier est divisible par :
- **2** si le chiffre des unités est pair.
- **3** si la somme des chiffres est divisible par 3.
- **5** si le chiffre des unités est 0 ou 5.
- **9** si la somme des chiffres est divisible par 9.
- **10** si le chiffre des unités est 0.

★ 1 Vocabulaire

Compléter avec *diviseur* ou *multiple*.

a. 240 est un .... de 5.

b. 6 est un .... de 240.

c. 240 a pour .... 5.

d. 8 a pour .... 240.

e. 1 est un .... de tout entier.

f. si 3 est un .... de *a* alors *a* est un multiple de 3.

g. Tout entier non nul est .... de lui-même.

ATTENTION
Tu ne dois pas confondre multiple et diviseur.
Exemple : 2 est un diviseur de 10 et 10 est un multiple de 2.

★ 2 Vrai ou faux ?

Compléter par *Vrai* ou *Faux*.

a. Un nombre pair est un nombre divisible par 2. ....

b. Un nombre impair est toujours divisible par 3. ....

c. « 5 est un diviseur de *n* » signifie que « *n* est multiple de 5 ». ....

d. Un nombre dont la somme des chiffres est paire, est toujours divisible par 2. ....

INFO
Un nombre impair est un nombre qui n'est pas divisible par 2.
Exemple : 7.

★ 3 Multiples

Entourer les nombres entiers qui sont multiples de 9.

343	2 007	135	3 780	2 015
1 515	412	123	111 114	43 210

★★ 4 C'est à souligner

a. Dans la liste précédente, souligner les nombres entiers qui sont multiples de 5.
b. Certains nombres sont à la fois entourés et soulignés.
Ils ont un diviseur commun strictement plus grand que 45.

Quel est ce diviseur ? ....

c. Quel est le plus petit entier naturel, écrit avec des 9 et des 5, divisible par 3 ?

....

....

5 Division euclidienne

a. Effectuer, en la posant, la division euclidienne de 1 789 par 68.

Donner : • le quotient : .... • le reste : ....

• le dividende : .... • le diviseur : ....

b. Compléter.

1 789 = 68 × .... + ... et .... < 68.

> **INFO**
> Dans une division le reste est toujours strictement inférieur au diviseur.

6 Embouteillage

Un vigneron met 4 735 bouteilles dans des cartons de 12.
Calculer le nombre de cartons pleins et donner le nombre de bouteilles restantes.

....

....

7 Le dernier tour

Un camion citerne doit vider une cuve de 228 m^3.
Combien doit-il effectuer de tours sachant que sa capacité est de 27 m^3 ?

....

....

8 De grands multiples de 3

a. Le nombre 1 234 321 n'est pas divisible par 3.

Pourquoi ? ....

....

b. Modifier le chiffre de ses unités afin qu'il soit divisible par 3.
(Donner toutes les solutions possibles.)

....

9 C'est magique !

a. Déterminer les 9 diviseurs de 36.

....

b. Compléter le carré multiplicativement magique avec ces diviseurs.

	6	

c. Même travail avec les diviseurs de 100.

....

	10	

> **INFO**
> Un carré est multiplicativement magique si le produit des nombres sur une ligne, sur une colonne, ou sur une diagonale, est toujours le même.

Corrigés p. 2

NOMBRES ET CALCULS

2 Connaître les règles de priorité

Comment utiliser les règles de priorité des opérations ?

- En l'absence de parenthèses, on effectue les **multiplications** et les **divisions** avant les **additions** et les **soustractions**.
  Exemples :
  $a = 2 + 3 \times 5 = 2 + 15 = 17$ $b = 15 \times 3 - 8 \div 2 = 45 - 4 = 41$.
- S'il n'y a que des multiplications et des divisions, on effectue les calculs dans l'ordre, de **gauche à droite** :
  $c = 3 \times 4 \div 5 \times 2 = 12 \div 5 \times 2 = 2{,}4 \times 2 = 4{,}8$.

★ 1 Priorité de × sur +

$a = 4 \times 4 + 4 \times 4 =$ ……………………

$b = 4 + 4 \times 4 + 4 =$ ……………………

$c = 4 + 4 \times 4 \times 4 =$ ……………………

$d = 6 + 6 \times (6 \times 6 + 6) =$ ……………………

> **COUP DE POUCE**
> Pour d, effectue d'abord les calculs à l'intérieur des parenthèses.

★ 2 La chasse aux fausses

Parmi les égalités suivantes, certaines sont fausses. Corriger alors le second membre.

a. $3 \times 9{,}2 + 0{,}2 - 1 = 26{,}8$ ……………………

b. $5 \times 0{,}7 - 0{,}7 = 0$ ……………………

c. $67 + 3 \times 100 = 7\,000$ ……………………

d. $15 \div 3 + 2 - 2 = 1$ ……………………

★ 3 Trop, c'est trop !

Dans les expressions suivantes, rayer les parenthèses inutiles puis effectuer le calcul.

$a = ((3 \times 7) + (7 \times 8)) =$ ……………………

$b = (5 + 4) + (5 \times 4) =$ ……………………

$c = 11 \times (8 \times 9) =$ ……………………

$d = 2 + (9 - (7 + 1)) =$ ……………………

★★ 4 Avec 2016

Compléter les cases avec l'un des signes +, −, × pour que les égalités soient vraies.

0 = 2 ☐ 0 ☐ 1 ☐ 6   2 = 2 ☐ 0 ☐ 1 ☐ 6

6 = 2 ☐ 0 ☐ 1 ☐ 6   7 = 2 ☐ 0 ☐ 1 ☐ 6

8 = 2 ☐ 0 ☐ 1 ☐ 6   9 = 2 ☐ 0 ☐ 1 ☐ 6

> **COUP DE POUCE**
> *Exemple :*
> 7 = 2 [+] 0 [−] 1 [+] 6.
> Cette réponse n'est pas unique.

★ 5 Bien barrer

Barrer les expressions qui ne sont pas égales à 15.

$a = 5 + 4 + 3 \times 2 \times 1$ $\quad$ $b = 5 + 4 \times 3 + 2 \times 1$ $\quad$ $c = 5 + 4 \times 3 \times 2 + 1$

★ 6 Suppression

Supprimer une paire de parenthèses dans les expressions suivantes pour que les égalités soient vraies.

$a = (9 + 5) \times (8 + 2) = 114$ $\quad$ $b = (9 + 5) \times (8 + 2) = 59$ $\quad$ $c = 2 + 3 \times ((5 + 2) \times 4) = 41$

★ 7 Traduction

Écrire sous forme de calculs « en ligne » puis effectuer :

a. le produit de 3 par la somme de 7 et 9.

....

b. la somme de 16 et du produit de 4 par 5.

....

c. la somme des produits de 13 par 11 et de 14 par 19.

....

★★ 8 Périmètre et aire

a. Calculer le périmètre de cette figure.

....

....

....

b. Calculer son aire. ....

....

....

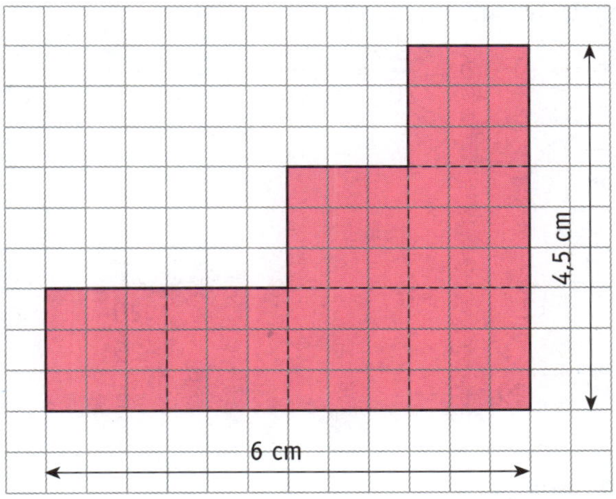

★★ 9 Calcul d'un périmètre

Calculer, à 0,1 cm près, le périmètre de cette figure.

....

....

....

....

....

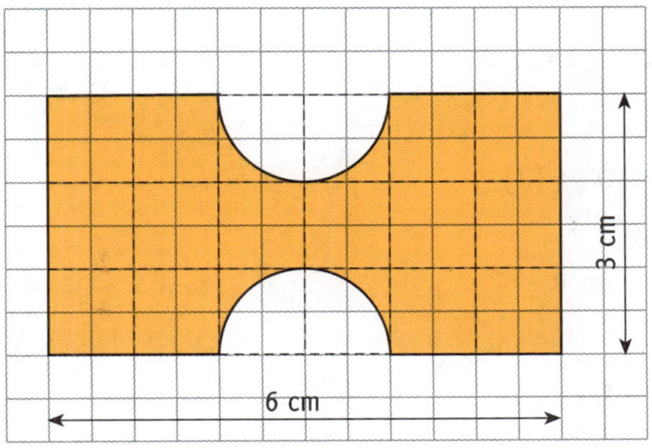

COUP DE POUCE

Vérifie, dans le formulaire de géométrie au début du cahier, la formule du périmètre d'un cercle.

Corrigés p. 2-3

3 Comparer des fractions

Comment changer l'écriture d'une fraction ?

- En multipliant ou en divisant par un même nombre (non nul) le numérateur et le dénominateur d'une fraction, on obtient une **fraction égale** à la première fraction.

$$\frac{k \times a}{k \times b} = \frac{a}{b} \qquad \frac{k}{k} = 1$$

- **Cette propriété permet de...**
  - **Simplifier** une fraction

    $$\frac{56}{40} = \frac{8 \times 7}{8 \times 5} = \frac{7}{5}$$

    On a simplifié par 8
  - **Remplacer** une fraction par une autre fraction de même valeur mais ayant un autre dénominateur

    $$\frac{2}{3} = \frac{?}{12}$$

    Réponse : $\frac{2}{3} = \frac{2 \times 4}{3 \times 4} = \frac{8}{12}$
  - **Supprimer** des virgules dans un quotient

    $$\frac{7}{0{,}25} = \frac{7 \times 100}{0{,}25 \times 100} = \frac{700}{25} = 28 \quad \text{et} \quad \frac{6{,}1}{34{,}7} = \frac{6{,}1 \times 10}{34{,}7 \times 10} = \frac{61}{347}$$

★ 1 Simplifications

Simplifier les fractions suivantes.

$a = \frac{4}{6} = \frac{2 \times 2}{2 \times 3} = \frac{\dots}{\dots}$ $\quad b = \frac{2}{20} = \frac{\dots \times \dots}{\dots \times \dots} = \frac{\dots}{\dots}$ $\quad c = \frac{6}{12} = \frac{\dots}{\dots}$ $\quad d = \frac{25}{35} = \frac{\dots}{\dots}$

★ 2 Fractions égales

Compléter.

$a = \frac{7}{4} = \frac{7 \times \dots}{4 \times \dots} = \frac{\dots}{12}$ $\qquad c = \frac{3}{20} = \frac{\dots \times \dots}{\dots \times \dots} = \frac{21}{\dots}$

$b = \frac{8}{5} = \frac{\dots \times \dots}{\dots \times \dots} = \frac{\dots}{20}$ $\qquad d = \frac{25}{35} = \frac{\dots \times 5}{\dots \times \dots} = \frac{\dots}{7} = \frac{\dots \times \dots}{\dots \times \dots} = \frac{\dots}{14}$

COUP DE POUCE
Multiplie le numérateur et le dénominateur par un **même** nombre.

★ 3 Même dénominateur (1)

Écrire des fractions égales à A et à B et ayant un même dénominateur.

a. $A = \frac{17}{8} = \frac{\dots}{\dots}$ et $B = \frac{8}{4} = \frac{\dots}{\dots}$ $\qquad$ **b.** $A = \frac{31}{100} = \frac{\dots}{\dots}$ et $B = \frac{4}{10} = \frac{\dots}{\dots}$

★ 4 Même dénominateur (2)

Même exercice avec :

a. $A = \frac{2}{3} = \frac{\dots}{\dots}$ et $B = \frac{3}{2} = \frac{\dots}{\dots}$ $\qquad$ **b.** $A = \frac{7}{6} = \frac{\dots}{\dots}$ et $B = \frac{7}{10} = \frac{\dots}{\dots}$

COUP DE POUCE
a. Prends 6 pour dénominateur commun.
b. Prends 30 pour dénominateur commun.

★ 5 Chasse aux virgules

Écrire les quotients suivants avec des dénominateurs entiers.

$a = \frac{3{,}6}{7{,}49} = \frac{360}{749}$ $\qquad b = \frac{48}{0{,}009} = \frac{48000}{9}$ $\qquad c = \frac{3{,}14}{2{,}2} = \frac{314}{220}$

Comment comparer des fractions ?

- Des fractions de même dénominateur sont rangées dans l'ordre de leurs numérateurs.

  Exemple : $\frac{12}{23} < \frac{15}{23}$

- Pour comparer deux fractions, on les écrit avec un même dénominateur.

★ 6 Comparaisons (1)

Compléter avec < ou >.

a. $\frac{25}{16}$ < $\frac{31}{16}$

b. $\frac{31}{17}$ > $\frac{30}{17}$

c. $\frac{20}{100}$ > $\frac{19}{100}$

d. $\frac{89}{100}$ > $\frac{850}{1\,000}$

★ 7 Comparaisons (2)

Compléter avec < , > ou = en ayant d'abord modifié la première fraction.

a. $\frac{13}{3} = \frac{....}{....}$ ..... $\frac{24}{6}$

b. $\frac{4}{10} = \frac{....}{....}$ ..... $\frac{31}{100}$

c. $\frac{155}{500} = \frac{....}{....}$ ..... $\frac{312}{1\,000}$

d. $\frac{11}{5} = \frac{....}{....}$ ..... $\frac{55}{25}$

COUP DE POUCE
Écris les deux fractions avec le même dénominateur.

★★ 8 Rangement

a. Compléter les égalités suivantes.

$\frac{3}{4} = \frac{9}{12}$ $\frac{1}{2} = \frac{6}{12}$ $\frac{2}{3} = \frac{8}{12}$

b. Ranger dans l'ordre croissant les six fractions suivantes : $\frac{10}{12}$; $\frac{7}{12}$; $\frac{11}{12}$; $\frac{3}{4}$; $\frac{1}{2}$; $\frac{2}{3}$.

5 > 2 > 6 > 4 > 1 > 3

c. Vérifier en utilisant une valeur approchée de chaque fraction.

....

COUP DE POUCE
b. Utilise les résultats du **a.**

★★ 9 Fractions d'un carré

Chaque partie coloriée est une fraction du carré. Indiquer cette fraction au-dessus de chaque figure et ranger ces fractions dans l'ordre croissant.

A = ... B = ... C = ... D = ... E = ... F = ...

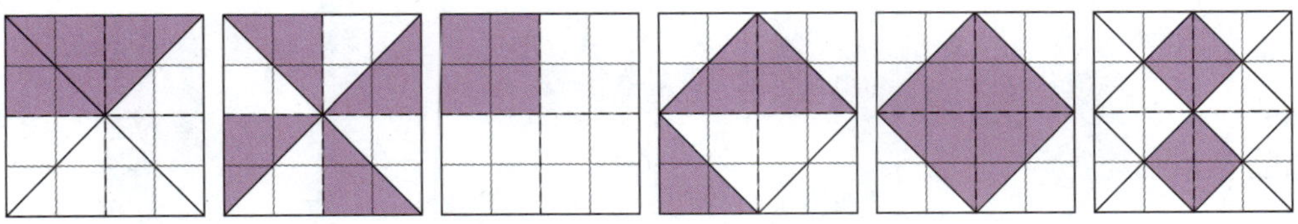

....

....

Corrigés p. 3-4

Plus d'exercices sur www.hatier-entrainement.com

4 Utiliser des nombres relatifs

Où rencontre-t-on des nombres relatifs ?

Exemples de nombres relatifs

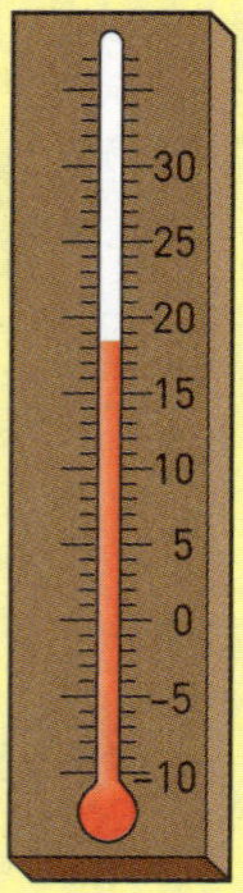

Sur ce thermomètre, on peut lire des **nombres relatifs.**

nombres positifs (supérieurs à zéro)

> nombres **de signe +** (mais souvent écrits sans le signe)

nombres négatifs (inférieurs à zéro)

> nombres **de signe –**

Zéro est à la fois **positif et négatif.**

Nombres relatifs opposés

Les nombres – 2 et + 2 sont opposés.
+ 4,3 et – 4,3 sont aussi des nombres opposés ; etc.
L'opposé de 0 est 0.

> – 5 et + 3 sont de signes contraires mais ne sont pas opposés.

1 Le thermomètre

a. Compléter le tableau suivant, en observant le thermomètre.

Niveau du liquide	A			F	H			R	U
Température (°C)	+ 10	+ 40	0			– 4	– 6		

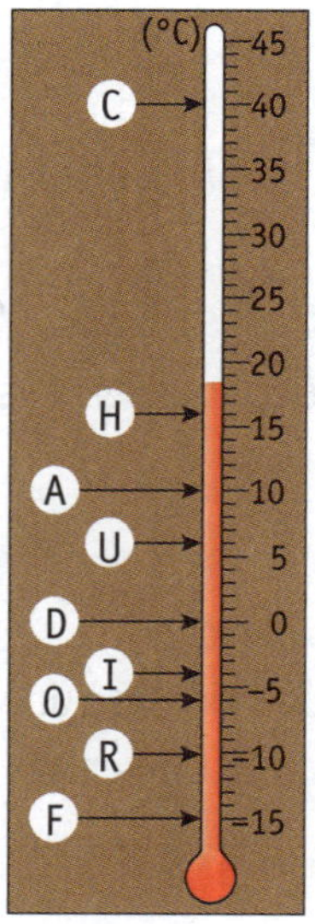

b. Donner deux températures représentées par deux nombres relatifs opposés.

....

c. Donner deux températures de signes contraires mais non opposées.

....

2 Trouver la phrase fausse

a. + 5 et + 8 sont positifs.
b. – 2 et – 9 sont négatifs.
c. 3 et – 4 sont de signes contraires.
d. 30 et – 30 sont opposés.
e. 2 et – 3 sont opposés.

La phrase fausse est : ....

> **ATTENTION** Ne confonds pas « opposés » et « de signes contraires ».

3 Altitudes et profondeurs

Dans le tableau suivant placer le signe + ou le signe – devant chaque altitude (une profondeur est une altitude négative).

Mer Rouge	Mont Blanc	Mer Baltique	Pic du Vignemale	Col Bayard	Mer Adriatique	Mer Noire
.... 3 040 m	.... 4 807 m	.... 470 m	.... 3 298 m	.... 1 248 m	.... 1 260 m	.... 2 245 m

4 Avant ou après Jésus-Christ

Une date comme 200 avant Jésus-Christ peut se noter par le nombre négatif – 200.
Une date comme 400 après Jésus-Christ peut se noter par le nombre positif + 400.
Dans le tableau suivant placer le signe + ou le signe – devant chaque date.

Fondation légendaire de Rome par Romulus	Bataille de Marignan	Bataille d'Alésia	Les Hébreux quittent l'Égypte sous la conduite de Moïse	Fin de la Grande Guerre	Naissance de Jésus-Christ
.... 753	 1515	 52	 1440	 1918	 0

INFO
Zéro est à la fois positif et négatif.

5 Opposés

Compléter le tableau.

5			–10	52,7		–8		0		
– 5	–2	1,8			+ 85		+ 3,6		–1,1	Opposé

6 Petits matins frais

a. Pendant ses 7 jours de vacances en montagne, Julien a relevé les températures à 8 h du matin. Il a tracé le graphique ci-contre.
Compléter le tableau suivant.

Jour	1	2	3	4	5	6	7
Température (°C)							

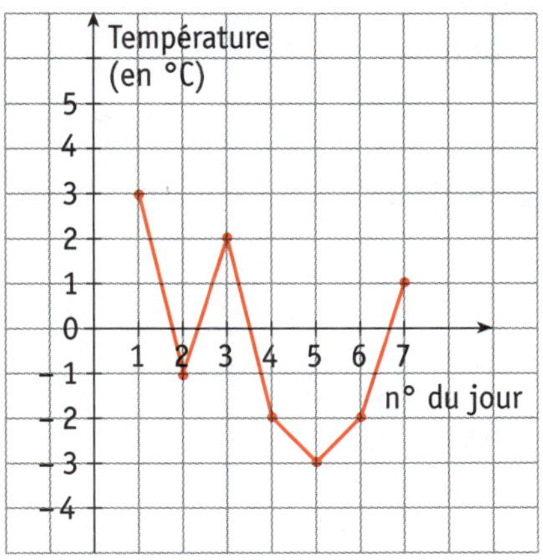

INFO
Lis les températures sur l'axe vertical.
Les températures négatives sont représentées par des points situés en dessous de l'axe des abscisses.

b. En même temps que Julien, Norman a relevé, dans une autre station, les températures suivantes :

Jour	1	2	3	4	5	6	7
Température (°C)	– 3	– 2	2	5	0	1	– 1

Représenter cette suite de températures sur le graphique ci-dessus (avec une autre couleur).

Corrigés p. 4-5

5 Comparer des nombres relatifs

Comment comparer des nombres relatifs ?

Rangement des nombres entiers relatifs

$-7 < -6 < -5 < -4 < -3 < -2 < -1 < 0 < 1 < 2 < 3 < 4 < 5 < 6 < 7$

Comparaison de deux nombres...

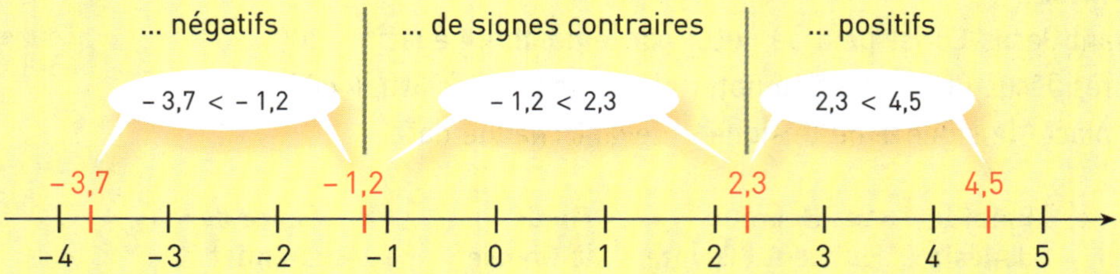

- Tout nombre **positif** est **supérieur ou égal à 0.**
- Tout nombre **négatif** est **inférieur ou égal à 0.**
- Tout nombre **positif** est **supérieur ou égal à** tout nombre **négatif.**

★ 1 Comparaisons (1)

Compléter avec <, = ou >.

a. 6 3
b. – 32 ..... – 26
c. – 7 ..... – 89
d. – 3 3,1
e. – 8 ..... – 8
f. – 12 18
g. 8,2 ..... – 1,2
h. 18,7 ..... – 18,7
i. 0,6 ..... – 1
j. 0 6,3
k. 5,4 ..... – 5,4
l. – 35 0,1

INFO
$a < b$ se lit : « a est strictement inférieur à b ».

★ 2 Comparaisons (2)

Compléter avec ⩽ ou ⩾.

a. 119 47
b. 5,34 3,44
c. 0 ..... – 5
d. – 3,51 ..... – 3,52
e. – 6 ..... – 6
f. – 6 0
g. 8 0
h. – 3,46 ..... – 3,56
i. – 2,31 2,31
j. 0 0
k. – 2 ..... – 135
l. 0,01 0,1

INFO
$a \leqslant b$ se lit : « a est inférieur ou égal à b ».
Remarque : $a \leqslant a$ et $a \geqslant a$ aussi.

★ 3 Bien entourées

Entourer les phrases vraies.

a. $-1,3 < -6,7$
b. $-3 \leqslant 24$
c. $-1995 > -8$
d. $0 < 131$
e. $0 \leqslant -1,8$
f. $8,5 \leqslant 0$
g. $-8 \leqslant 0$
h. $2 < -3$
i. $-1,2 \leqslant -1,3$
j. $0 \geqslant 0$
k. $0,1 > -79$
l. $-6 \leqslant -6$

★ 4 Devinette

Quel est le nombre x tel que : $x \leqslant -7$ et $x \geqslant -7$? ....

INFO
« et » signifie « à la fois ».

★ 5 Trouver les erreurs

Parmi les inégalités suivantes, certaines sont fausses. Les rayer.

a. $-3{,}21 \leqslant -3{,}201$

b. $-2{,}91 \geqslant -3{,}27$

c. $-8{,}34 \leqslant -8{,}43$

d. $-3{,}5 \leqslant -12$

e. $8{,}66 \geqslant 8{,}56$

f. $-5{,}73 \leqslant -4{,}99$

★ 6 Ordre croissant

Ranger dans l'ordre croissant les nombres suivants.

12,3 ; $-2{,}31$; 1,23 ; $-3{,}12$; 3,21 ; $-1{,}32$.

....

> **INFO**
> Dans l'ordre croissant signifie : du plus petit au plus grand.

★ 7 Ordre décroissant

Ranger dans l'ordre décroissant les nombres suivants.

1,001 ; $-0{,}101$; 10,01 ; -11 ; 0,011 ; $-10{,}01$.

....

> **INFO**
> Dans l'ordre décroissant signifie : du plus grand au plus petit.

★ 8 Dans l'Antiquité

Nous vivons actuellement aux environs de l'an 2000 après J.-C.
Ranger dans l'ordre croissant quelques dates voisines de l'an 2000 avant J.-C.

-2010 ; -1992 ; -2002 ; -1999 ; -1997 ; -2000.

....

★ 9 Coincés

Donner la liste des nombres entiers relatifs compris entre $-3{,}99$ et 4,99.

....

★★ 10 Encadrements

Encadrer les nombres suivants par deux entiers relatifs consécutifs.

a. .... < 2,1 < ....

b. .... < 10,5 < ....

c. .... < $-5{,}8$ < ....

d. .... < $-10{,}5$ < ....

e. .... < $-0{,}2$ < ....

f. .... < $-3{,}14$ < ....

> **COUP DE POUCE**
> Exemples d'encadrements : $2 < 2{,}4 < 3$ avec 2 et 3 consécutifs. $-6 < -5{,}7 < -5$ avec -6 et -5 consécutifs.

★★ 11 Les thermomètres

L'alcool gèle à -112 °C et bout à 78 °C. Le mercure gèle à -39 °C et bout à 357 °C.
Dans quel intervalle de températures peut-on utiliser indifféremment des thermomètres à alcool ou à mercure ?

....

....

....

> **COUP DE POUCE**
> Représente les intervalles sur une droite graduée.

Corrigés p. 5-6

6 Additionner des nombres relatifs

Comment additionner des nombres relatifs ?

▸ Addition de deux nombres de même signe

Exemples : (+ 4,5) + (+ 2,3) = + 6,8

(− 4,5) + (− 2,3) = − 6,8

On additionne 4,5 et 2,3 et on donne à la somme le signe des deux nombres.

▸ Addition de deux nombres de signes contraires

Exemples : (+ 4,5) + (− 2,3) = + 2,2

On met + car 4,5 > 2,3

On calcule 4,5 − 2,3 = 2,2

(− 4,5) + (+ 2,3) = − 2,2

On met − car 4,5 > 2,3

Cas particulier de deux nombres opposés

La somme de deux nombres opposés est égale à zéro.

Exemple : (+ 4) + (− 4) = 0

★ 1 Additions de deux termes

$a = (-3) + (+5) =$ .... $d = 26 + (-4{,}5) =$ .... $g = 1 + (-99) =$ ....

$b = 6 + (-8) =$ .... $e = -2 + (-4) =$ .... $h = 1{,}5 + (-3) =$ ....

$c = 0 + 5 =$ .... $f = -0{,}1 + (-0{,}3) =$ .... $i = 15 + (-15) =$ ....

INFO
Habituellement on écrit 17 au lieu de (+ 17).

★ 2 Additions en chaînes

$a = -1 + (-4) + 6 =$ ....

$b = 4 + (-5{,}5) + 1 =$ ....

$c = -3 + (-2) + (-10) + 20 =$ ....

$d = 8 + 1 + (-9) + 0 + (-4) =$ ....

$e = 100 + (-10) + 1 + (-1000) =$ ....

$f = -5 + 7 + 5 + (-7) =$ ....

ATTENTION
Tu peux vérifier avec une calculatrice. Mais comment tapes-tu un nombre négatif sur ta calculatrice ?

★ 3 Grille de nombres

Compléter la grille.

+	− 4	− 3,2	− 7	0	2	5,6	7	4,8
− 5,6								
− 8								
− 2,7								
− 0,5								

4 Le damier

Compléter chaque case blanche en y inscrivant la somme des nombres marqués sur les 4 cases voisines en couleur.

		0		0		0		
	7		− 2		1		4	
0		− 8		0		3		0
	6		0		3		6	
0		3		4		− 6		0
	4		1		− 4		− 1	
0		− 6		6		8		0
	1		− 2		− 9		− 5	
		0		0		0		

COUP DE POUCE

Exemple :

	− 4	
6	**− 2**	3
	− 7	

car
$-4+3+(-7)+6$
$=-2$

5 Chassez l'intrus

L'une de ces quatre sommes n'est pas égale aux autres. Laquelle ? ....

$a = -3 + (-8) + 3 + 5$

$b = -6 + (-1) + 4$

$c = -9 + 16 + (-10)$

$d = 10 + (-2) + (-5)$

6 Les deux égales

Parmi ces sommes, il y en a deux qui sont égales. Lesquelles ? ....

$a = 7 + (-4) + 0 + (-8)$

$b = 10 + (-3) + (-9) + 2$

$c = -3 + (-5{,}1) + (-0{,}9) + 8$

$d = 6{,}3 + 5{,}2 + (-3{,}5) + (-9)$

7 Avec le geste auguste du « sommeur »

$a = (-1) + 2 + (-3) + 4 + (-5) + 5 + (-4) + 3 + (-2) + 1 =$ ....

....

$b = (-10) + 9 + (-8) + 7 + (-6) + 5 + (-4) + 3 + (-2) + 1 =$ ....

....

$c = (-1) + 2 + (-3) + 4 + (-5) + 6 + (-7) + 8 =$ ....

....

COUP DE POUCE

Observe avant de calculer !

Corrigés p. 6-7

7 Soustraire des nombres relatifs

Comment soustraire des nombres relatifs ?

Pour soustraire, on ajoute l'opposé :
$x - y = x + \text{opp}(y) = x + (-y)$

Exemples :

- $(+5{,}3) - (-3{,}2) = (+5{,}3) + (+3{,}2) = 8{,}5$
- $(-1{,}2) - (+9{,}5) = (-1{,}2) + (-9{,}5) = -10{,}7$
- $4 - 7 = 4 + (-7) = -3$
- $(-5) - (-5) = -5 + 5 = 0$
- $(+9) - (-9) = 9 + 9 = 18$
- $0 - 8 = 0 + (-8) = -8$

★ 1 Premières soustractions

$a = 7 - 2 =$ ....

$b = 7 - (-3) =$ ....

$c = -2 - (-7) =$ ....

$d = 2 - 7 =$ ....

$e = -3 - 7 =$ ....

$f = -7 - (-2) =$ ....

$g = 1 - 2\,000 =$ ....

$h = -103 - 7 =$ ....

$i = 13 - 213 =$ ....

$j = 0 - (-5) =$ ....

★ 2 Carrés magiques

Compléter les carrés magiques suivants.

a.

− 4	− 5	
	− 3	
	− 1	

b.

− 2		− 6
		4
		2

c.

		2,4
	0,3	
− 1,8		1

INFO

Dans un carré magique, la somme des nombres situés sur une ligne, sur une colonne ou sur une diagonale, est toujours la même.

Exemple :

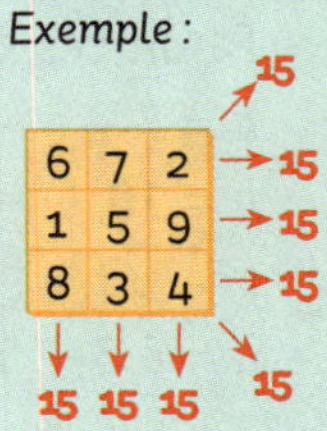

★★ 3 Grillades

Compléter les grilles suivantes.

a.

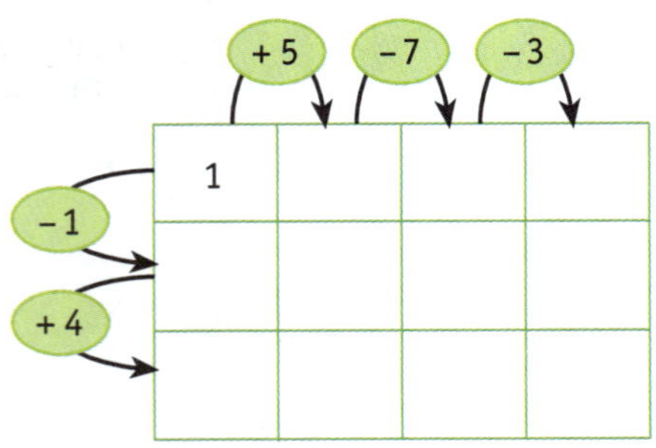

b.

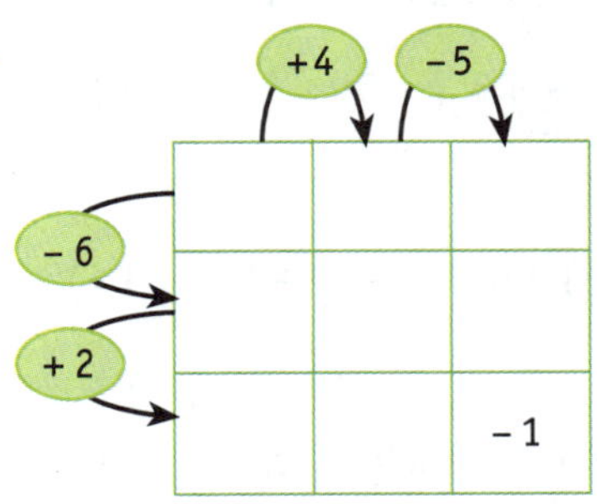

INFO

On ajoute 5.

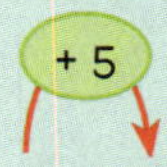

On soustrait 7.

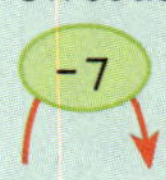

c.

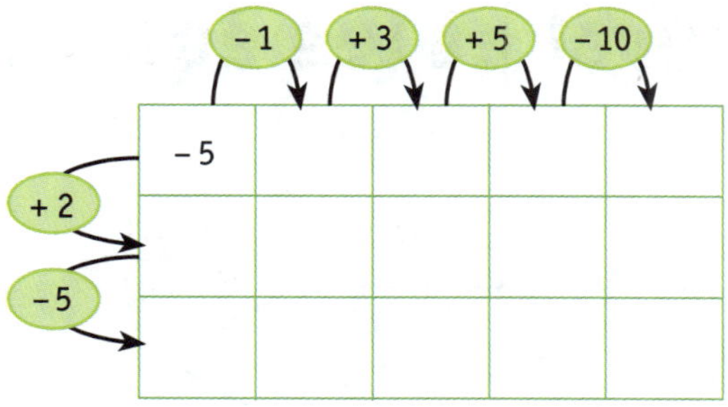

d.

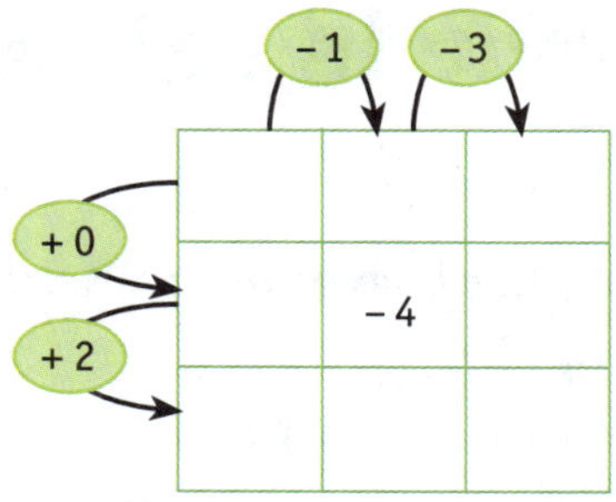

Comment calculer une expression ?

- Pour calculer une expression, on peut appliquer la démarche suivante :
  - effectuer les calculs à l'intérieur des parenthèses,
  - transformer les soustractions en additions,
  - effectuer les additions.

Exemple :

$(7 - 5) + (2 - 3) - (- 8 + 5 + 1)$
$= 2 + (-1) - (- 2)$
$= 2 + (-1) + (+ 2)$
$= 3$

★ 4 Additions et soustractions (1)

Calculer les expressions suivantes.

$a = - 12 + (- 4) - 3 =$ ....

$b = 8{,}2 - 4{,}1 + (- 6{,}1) =$ ....

$c = (- 22) + (- 40) - (- 50) =$ ....

$d = (+ 33) - (- 44) + (- 22) - (+ 55) =$ ....

★ 5 Additions et soustractions (2)

Calculer les expressions suivantes.

$a = (7 - 4) + (3 - 8) =$ ....

$b = (- 6 + 4) + (35 - 13{,}5) =$ ....

$c = (5 - 7{,}5 + 1) - (2 + 7 - 3) =$ ....

$d = (200 - 2\,000) + (2\,000 - 20\,000) =$ ....

COUP DE POUCE
Effectue d'abord les calculs entre parenthèses.

★ 6 En somme, on ne peut s'y soustraire

Calculer les expressions suivantes.

$a = (- 5 - 4) - (- 3 - 2) =$ ....

$b = 9 - (11 - 4 + 5) =$ ....

$c = (- 6 + 2 - 14) + (2 - 3) - (8 - 13) =$ ....

Corrigés p. 7-8

8 Découvrir le calcul littéral et les équations

Comment utiliser des lettres dans un calcul ?

Exemple d'écriture littérale

Pour $a = 2{,}3$ cm et $b = 6{,}2$ cm, le périmètre P de la figure ci-contre vaut : $P = 3 \times 2{,}3 + 2 \times 6{,}2 = 19{,}3$ cm.
En utilisant les lettres a et b on obtient : $P = 3a + 2b$.
On dit que P est exprimé **en fonction de** a et b.

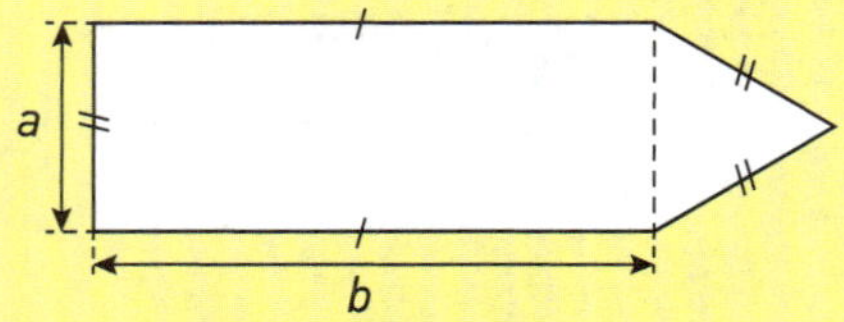

Cette formule peut maintenant s'utiliser pour toutes les autres valeurs de a et b.

Alléger l'écriture d'une expression

Exemples : $x \times y$ peut s'écrire xy ; $3 \times a$ peut s'écrire $3a$;
$2 \times (b + 1)$ peut s'écrire $2(b + 1)$; mais bien sûr 2×3 ne s'écrit pas 23.

★ 1 Podium

a. Exprimer le périmètre p de cette figure en fonction de a et b :

$p =$ ....

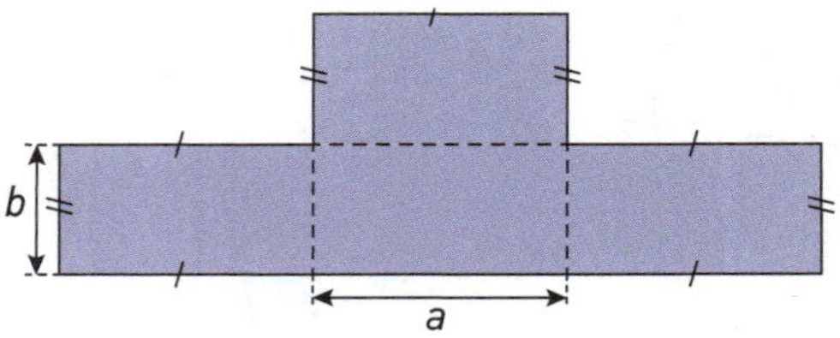

b. Théa a écrit $p = 4(a + b) + 2a$. Est-ce correct ? ....

c. Calculer p pour $a = 9{,}2$ et $b = 2{,}9$.

$p =$ ....

d. On double a et on triple b. Exprimer le nouveau périmètre p en fonction de a et de b :

$p =$ ....

★★ 2 Et π alors ?

a. On donne $a = 2$ cm et $b = 5$ cm.
Calculer le périmètre p de cette figure.
(Prendre $\pi = 3{,}14$.)

$p =$ ....

b. Exprimer p en fonction de a, b et π.

$p =$ ....

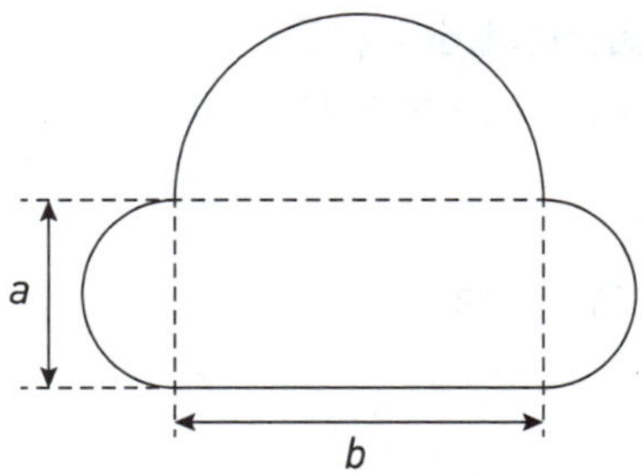

★★ 3 Avec un tableau

Compléter le tableau suivant.

a	b	c	ac	bc	$(a + b)c$	$ac + bc$
5	11	3				
13	9			45		
4			12	15		

INFO
On observe que $(a + b)c = ac + bc$.
Cette formule sera étudiée en 4e.

4 Vrai ou faux

Compléter la case par V ou F.

a. Si $x = 0{,}25$ et $y = 1$ alors $3y = 4x + 2$ ☑ V

b. Si $x = 1{,}5$ et $y = 2{,}5$ alors $3y = 4x + 2$ ☐ F

c. Si $x = 10$ et $y = 14$ alors $3y = 4x + 2$ ☐ V

d. Si $x = 0{,}01$ et $y = 0{,}65$ alors $3y = 4x + 2$ ☐ F

Comment résoudre une équation simple ?

- Résoudre une équation c'est chercher la ou les **solutions** de cette équation.

  Exemple : Pour trouver le nombre x tel que :

  $x + 15 = -3$

  on isole x en ajoutant l'opposé de 15 aux deux membres de l'égalité :

  $x + 15 + (-15) = -3 + (-15)$

  soit $x + 0 = -18$

  d'où $x = -18$.

  La solution de l'équation est -18.

5 Premières équations

Résoudre les équations suivantes.

a. $x + 7 = -6$

....

$x =$ ....

c. $x + 5 = 0$

....

$x =$ ....

e. $2 + x = -11$

....

$x =$ ....

b. $x + (-13) = 9$

....

$x =$ ....

d. $x + (-4) = -4$

....

$x =$ ....

f. $-8 = 3 + x$

....

$x =$ ....

6 Avec un triangle isocèle

Calculer la longueur de la base de ce triangle isocèle sachant que son périmètre mesure 57 cm.

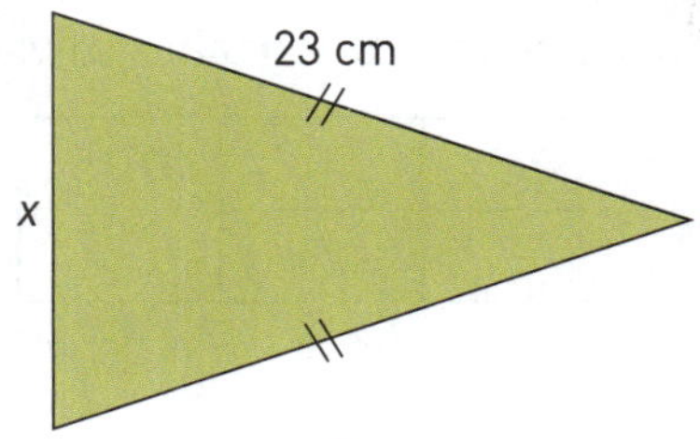

$x +$ .... = ...

....

....

$x =$ ....

COUP DE POUCE
Résous une équation.

Corrigés p. 8-9

Plus d'exercices sur www.hatier-entrainement.com

9 Utiliser la proportionnalité

Comment calculer un quatrième nombre quand il y a proportionnalité ?

Exemple :

Nombre de pantalons	3	5
Prix (en euros)	243	x

(×....)

On trouve **le coefficient de proportionnalité** : $\frac{243}{3} = 81$

D'où $x = 5 \times \frac{243}{3} = 5 \times 81 = 405$

Donc 5 pantalons valent 405 €.

Ici le coefficient de proportionnalité est le prix d'un pantalon : $\frac{243}{3} = \mathbf{81}$ **€**

1 Recherche d'un quatrième nombre (1)

Trouver le nombre manquant dans les tableaux de proportionnalité suivants.

a.

5	7
12,5	

b.

4	9
	11,7

c.

17	1
	3

2 Recherche d'un quatrième nombre (2)

Même exercice avec les tableaux suivants.

a.

6	8,4
6,9	

b.

202,5	1 575
	63

c.

33,6	
24	2,1

3 Laissons passer l'orage

Nous entendîmes le tonnerre 20 secondes après avoir vu l'éclair.
Quelle distance nous séparait de l'orage ?

....

INFO
La vitesse du son est de 340 m / s.

4 Heures et minutes

Compléter le tableau de proportionnalité suivant.

h	1	0,5		0,15		0,8		0,2	0,75
min	60		24		42		15		

ATTENTION
0,50 h désigne une demi-heure et non pas 50 min.

5 Autour du cercle

Compléter le tableau de proportionnalité où L est le périmètre du cercle de rayon R.
Utiliser la calculatrice et donner des valeurs approchées avec 2 décimales.

R **(m)**	10	15	12			7
L **(m)**				6,28	150	

★ 6 Ça marche ?

Un menuisier fabrique des escaliers qu'il vend aux tarifs suivants.

Nombre de marches	9	12	16	18
Prix en euros	235	280	340	370

Le prix est-il proportionnel au nombre de marches ?

....

....

....

COUP DE POUCE
Compare, à l'aide de la calculatrice, $\frac{235}{9}$ et $\frac{370}{18}$, par exemple.

★ 7 On nous mène en voiture

Une voiture consomme 6,25 litres de carburant aux 100 km.

a. Combien consomme-t-elle pour faire 375 km ?

....

b. Combien de km peut-elle faire avec 40 litres ?

....

★★ 8 Petits pavés

Dans le tableau suivant la lettre *H* désigne la hauteur des pavés de base 7 cm^2 et *V* désigne leur volume en cm^3.

***H* (cm)**	4	2,5	6	10	8,5	
***V* (cm^3)**						91

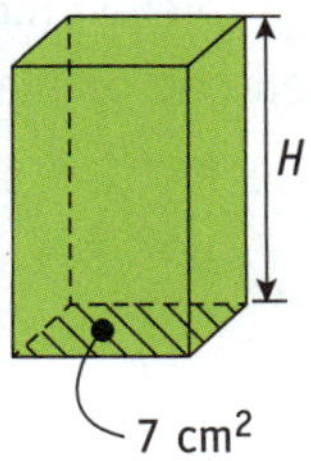

Ce tableau est un tableau de proportionnalité. Pourquoi ?

....

Le compléter.

★★ 9 Tableau de proportionnalité et graphique

a. Compléter le tableau de proportionnalité suivant.

×					
	2	3			0
	1,4		2,8	3,15	

b. Représenter graphiquement les données du tableau.

c. Que dire des points du graphique ?

....

....

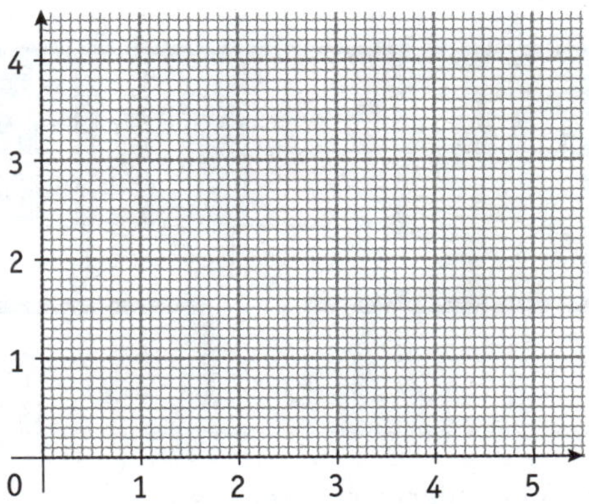

COUP DE POUCE
Les nombres de la première ligne du tableau sont à placer sur l'axe horizontal (axe des abscisses). Voir la page 30.

Corrigés p. 9-10

10 Calculer et utiliser des échelles

Qu'est-ce qu'un dessin à l'échelle ?

▸ *Exemple :* un dessin (plan, carte, ...) est à l'échelle $\frac{1}{1\,000\,000}$ si 1 cm sur le dessin correspond à 1 000 000 cm dans la réalité, soit 10 km.
Dans ce cas, les dimensions sur la carte sont un million de fois plus petites que dans la réalité.

★ 1 Avec une échelle

Un plan est à l'échelle $\frac{1}{50}$.

a. 1 cm sur le plan représente .... dans la réalité.

b. Compléter le tableau.

Sur le plan (en cm)	15	24	
Distances réelles (en m)			5

★ 2 Déterminer une échelle

Sur un plan, on a relevé l'indication suivante : |———— 2 m ————|
Quelle est l'échelle de ce plan ?

....

....

....

INFO
L'échelle s'écrit sous forme d'une fraction ayant 1 pour numérateur.

★★ 3 Plan d'appartement

a. Déterminer l'échelle de ce plan.

....

....

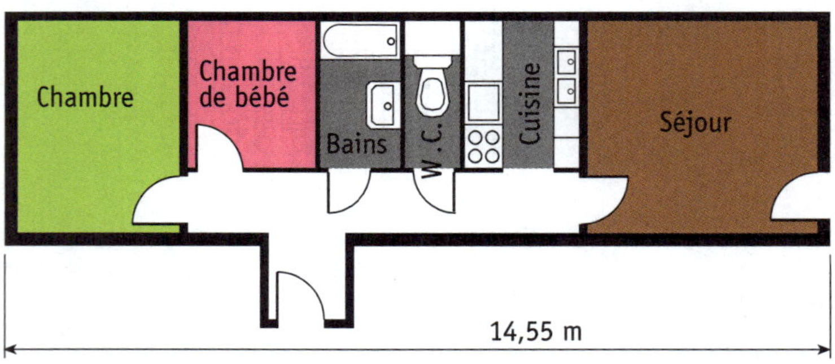

b. Déterminer l'aire des pièces suivantes en arrondissant à 0,1 m^2 près.

Pièce	Chambre	Chambre de bébé	Séjour	Cuisine
Aire (en m^2)				

COUP DE POUCE
a. Exprime la longueur donnée en cm.
b. Commence par mesurer les pièces sur le plan.

★★ 4 **La Corse**

a. Avec la carte, déterminer la distance Bastia-Bonifacio par la route, en passant par Porto-Vecchio.

....

b. L'échelle de la carte est :

$\frac{1}{4\ 000}$ $\frac{1}{1\ 200\ 000}$

$\frac{1}{100\ 000\ 000}$ $\frac{1}{25\ 000}$

Entourer la bonne réponse et justifier.

....

....

....

....

....

....

c. Déterminer :

- la longueur maximale de la Corse

....

....

- la largeur maximale de la Corse

....

....

- la distance Bastia-Bonifacio à vol d'oiseau

....

....

COUP DE POUCE

b. Mesure un tronçon de route à peu près rectiligne.

COUP DE POUCE

c. Avec ta règle, vérifie que la longueur maximale de la Corse sur le dessin est de 15 cm.

Corrigés p. 10-11

GESTION DE DONNÉES

11 Appliquer un taux de pourcentage

Comment appliquer un taux de pourcentage ?

Appliquer x % à un nombre n, c'est effectuer $n \times \frac{x}{100}$

Exemple :

15 % du nombre 400, c'est $400 \times \frac{15}{100} = \frac{400 \times 15}{100} = 60$.

Remarque : On peut aussi raisonner à l'aide d'un tableau de proportionnalité.

100	400
15	x

$\times \frac{15}{100}$

$x = 400 \times \frac{15}{100}$ d'où $x = 60$.

★ 1 Au tableau

Compléter.

Les \ de	36	75	110	556
50 %	18			
25 %				
60 %				
200 %				

INFO
Les 50 % de 36 valent 18 car $36 \times \frac{50}{100} = 18$.

★ 2 Augmentations

a. Un salaire de 2 000 € a augmenté de 2 %.

L'augmentation est de .... €.

Le nouveau salaire est de .... €.

b. Dans un collège, le nombre d'élèves a augmenté de 8 %.

Il y avait 475 élèves.

L'augmentation a été de .... élèves.

Il y a maintenant .... élèves.

c. Un produit coûte 70 € hors taxes.

La T.V.A. est de 20 %.

Montant de la T.V.A. : .... €.

Prix toutes taxes comprises du produit : .... €.

INFO
T.V.A. = Taxe à la Valeur Ajoutée.

3 Diminutions

a. Une boutique propose 20 % de réduction. J'achète un pantalon qui valait 30 €.

Montant de la réduction :

.... €.

Prix réduit du pantalon :

.... €.

b. Dans une province qui comptait 1 800 000 habitants, la population a diminué de 7 %.

Nombre d'habitants en moins : .... hab.

Nouvelle population : .... hab.

c. Pour une fois, l'oncle PIKTOUT a fait de mauvaises affaires.
Sa fortune, évaluée à 46 milliards d'écus, a diminué de 2,4 %.

Montant de ses pertes : .... écus.

Il lui reste : .... écus.

4 Une facture à compléter

Faire les calculs au brouillon.

Facture n° 2010	Prix H.T.	Prix T.T.C.
1 robinet Kifui	80 €	.......€
1 mélangeur Kiper	140 €	.......€
1 robinet thermos Kigout	210 €	.......€
Main d'œuvre	...... €	.......€
TOTAL :	500 €	.......€
dont T.V.A. (20 %) :		.......€

INFO
H.T. = Hors Taxes
T.T.C. = Toutes Taxes Comprises

5 Train-train

Un train TGV est parti de Paris à 8 h 27 et il est arrivé en gare de Poitiers à 11 h 02.
Le même train, le lendemain a mis 40 % de temps en plus pour rejoindre Poitiers.
À quelle heure est-il arrivé dans cette ville s'il est parti de Paris à 8 h 27 ?

....

....

....

....

....

COUP DE POUCE
Utilise 1 h = 60 min.

Corrigés p. 11-12

12 Calculer un taux de pourcentage

Comment calculer un taux de pourcentage ?

Exemple :

Dans un collège, il y a 264 filles sur un total de 550 élèves.
Calculons le taux de pourcentage de filles dans ce collège :

Nombre d'élèves	550	100
Nombre de filles	264	?

$\frac{264}{550}$

$100 \times \frac{264}{550} = 48$

On utilise un tableau de proportionnalité.

Il y a 48 % de filles dans ce collège.

1 Calculs de taux de pourcentage

a. Les .... % de 450, c'est 135.

b. Les .... % de 35, c'est 91.

c. Les .... % de 350 , c'est 49.

d. Les .... % de 30 , c'est 22,2.

e. Les .... % de 123, c'est 12,3.

f. Les .... % de 46, c'est 23.

g. Les .... % de 57, c'est 57.

h. Les .... % de 9, c'est 18.

COUP DE POUCE
Utilise un tableau de proportionnalité.

2 Un peu d'aires

Un carré ABCD de 50 × 50 a été partagé en trois rectangles R_1, R_2 et R_3.

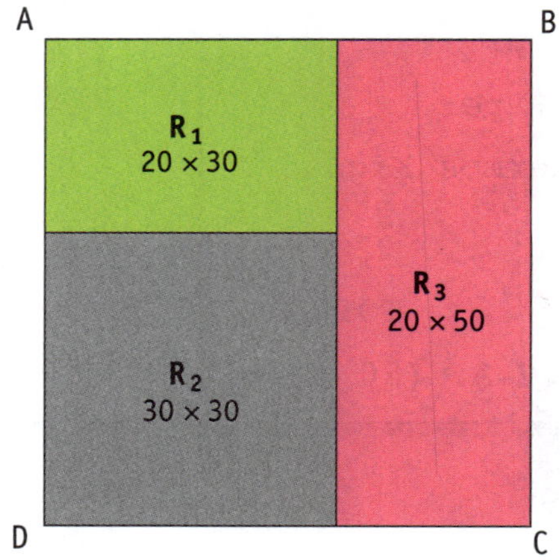

a. Quel pourcentage d'aire occupe le rectangle R_1 dans le carré ABCD ?

....

....

....

....

b. Même question avec le carré R_2.

....

....

c. Même question avec le rectangle R_3.

....

....

d. Quel pourcentage du côté AB représente le côté du carré R_2 ?

....

....

INFO
En mathématiques, on peut aussi raisonner sans utiliser d'unités pour les dimensions.

3 « Vingt fois sur le métier remettez votre ouvrage »

L'un des trois auteurs d'un livre de mathématiques a consacré :

①: 517 h pour l'écriture du manuscrit ②: 204 h pour la relecture des épreuves

③: 36 h pour la mise en page ④: 60 h en déplacements.

a. Combien d'heures de travail a-t-il totalisées (déplacements compris) ? ....

....

b. Quels pourcentages du temps total a-t-il consacrés à chacun des quatre postes ? (Arrondir à 0,1 % près.)

①: ....

....

②: ....

....

③: ....

....

④: ....

....

COUP DE POUCE
Vérifie en ajoutant les 4 pourcentages.

4 Budget vacances

Pour camper pendant trois semaines à la montagne, la famille Pensatout adopte le budget vacances correspondant au diagramme ci-dessous.

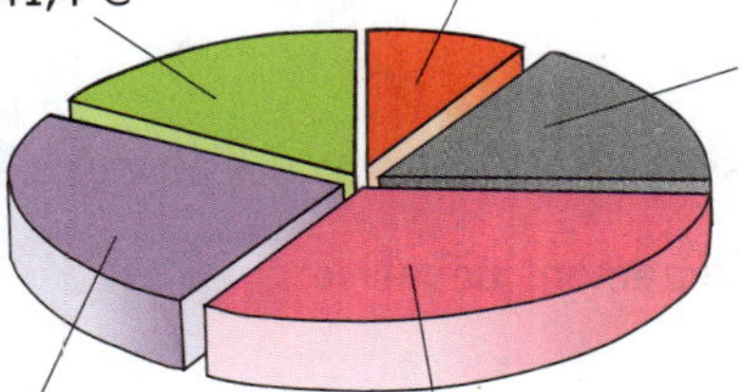

a. Calculer le budget total. ....

b. Combien coûte la nourriture ? ....

c. Compléter le diagramme après avoir calculé les pourcentages manquants.

....

....

....

Corrigés p. 12-13

13 Dessiner et exploiter des graphiques

Comment repérer des points sur une droite graduée ?

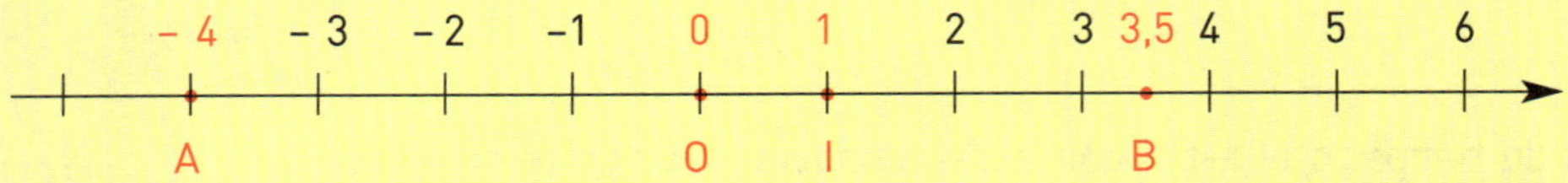

Sur la droite ci-dessus, le point I a pour abscisse 1, l'abscisse de A est – 4, celle de B est 3,5.

1 Sur une droite graduée

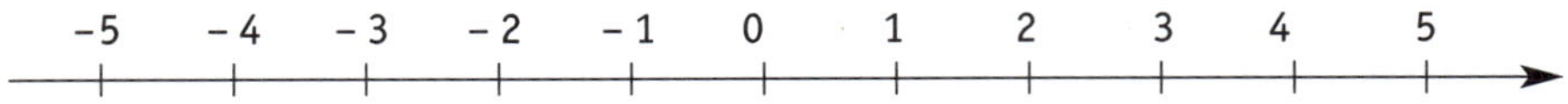

Placer le point A d'abscisse 3, le point B d'abscisse – 1,5, le point C d'abscisse – 3, le point I d'abscisse 1 et le point O d'abscisse nulle.
Placer « au mieux » le point P d'abscisse π.

2 Pour savoir

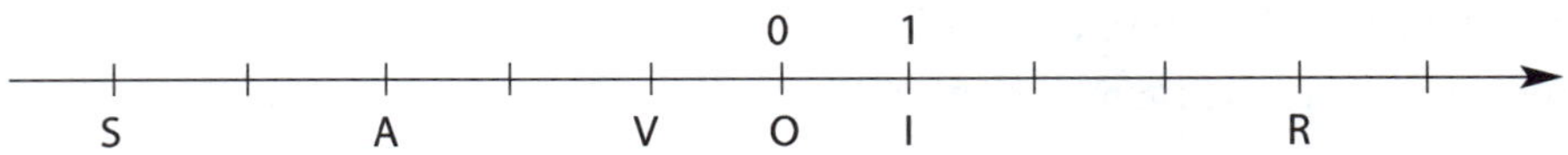

a. Quelles sont les abscisses des points S, A, V, O, I, R ?

....

....

b. Placer le point L d'abscisse – 4, le point E d'abscisse 3 et le point N d'abscisse 2.

c. Donner le point qui a la plus grande abscisse strictement négative : ....

Citer deux points ayant des abscisses oppposées : ....

Comment repérer des points dans le plan ?

- Deux droites graduées qui se coupent en O permettent d'indiquer la position d'un point du plan.
  Sur le plan ci-dessous, le point A a pour **abscisse** 3 et pour **ordonnée** 2.
  Les **coordonnées** du point A sont (3 ; 2). Les coordonnées du point O sont (0 ; 0).

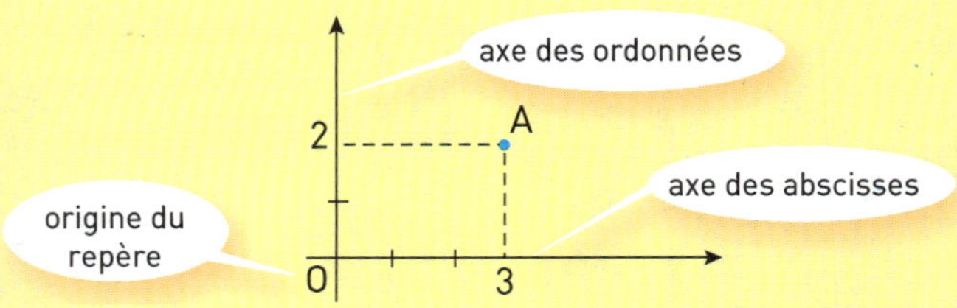

3 Repérage dans le plan

La courbe suivante représente la hauteur de l'eau dans un port en fonction de l'heure.

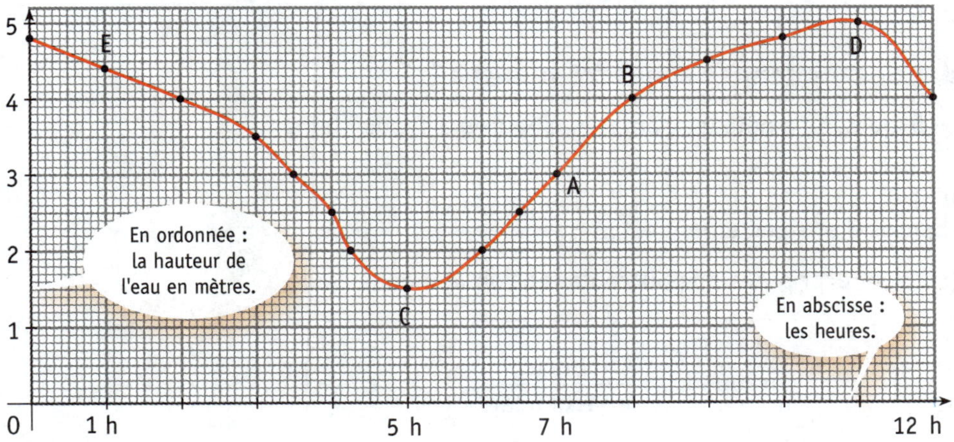

Répondre en lisant le graphique ci-dessus.

a. Quelles sont les coordonnées du point A ? A (....... ; ....) ; du point B ? ....

b. Quelles sont les coordonnées du point E ? .... ; du point C ? ....

c. L'un des points de la courbe a pour abscisse 3. Quelle est son ordonnée ? ....

Même question pour le point d'abscisse 8 ? ....

et pour le point d'abscisse 0 ? ....

d. Quelles sont les abscisses des points de la courbe dont l'ordonnée est 3 ? ....

e. Placer le point F de coordonnées (2 ; 4).

Le point G de coordonnées (4 ; 2) est-il sur la courbe ? ....

Placer le point H de coordonnées (6 ; 2).

f. Donner les coordonnées du point de la courbe ayant la plus grande ordonnée :

.... ; ayant la plus petite ordonnée : ....

> **INFO**
> Les points ayant pour abscisse zéro sont sur l'axe des ordonnées.

4 Petit rat deviendra grand

Le tableau ci-contre donne la masse moyenne d'un rat (en grammes) en fonction de son âge.

Âge en jours	0	10	100	200	300	400	500	600	700
Masse moyenne	5	50	130	190	240	270	290	300	305

a. Construire la courbe de croissance de notre petit rat.

b. Marquer le point B (600 ; 300).

c. Sur la courbe, marquer le point A d'abscisse 300. Quelle est son ordonnée ? ....

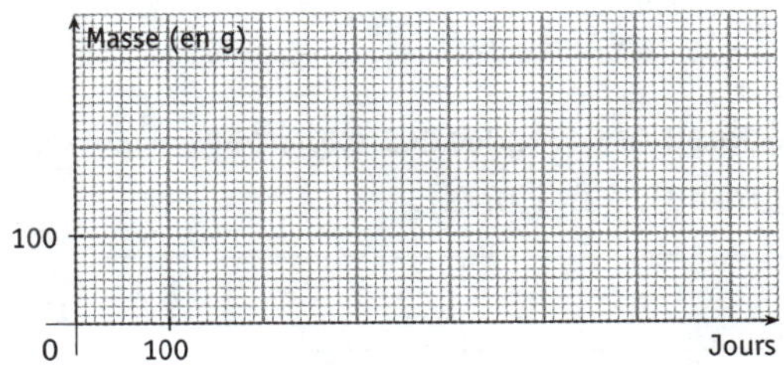

d. La masse du petit rat est-elle proportionnelle à son âge ?

....

Corrigés p. 13

14 Représenter et traiter des données

Comment calculer des moyennes et des fréquences ?

- *Exemple* : Pendant 5 jours, on a noté les nombres d'heures d'ensoleillement sur une plage :
  9 h ; 3 h ; 7 h ; 1 h ; 8 h.
  La **moyenne** des heures d'ensoleillement est $m = \dfrac{9+3+7+1+8}{5}$ donc $m = 5{,}6$ h.
- Les **fréquences** (souvent exprimées en pourcentage) s'obtiennent à l'aide de la formule :

$$\text{fréquence} = \frac{\text{effectif}}{\text{effectif total}}$$

Exemple : Dans une classe de 24 élèves, 9 élèves portent des lunettes.
Calculer la fréquence des élèves portant des lunettes.
On a : effectif total = 24, effectif = 9 } d'où fréquence = $\dfrac{9}{24} = 0{,}375 = 37{,}5\ \%$

1 Semaine pluvieuse

Voici les hauteurs quotidiennes d'eau de pluie tombées à Chouette-Ville en une semaine :
17 mm ; 5 mm ; 32 mm ; 2 mm ; 3 mm ; 10 mm ; 8 mm.

a. Calculer la moyenne des hauteurs d'eau : ....

b. En tapant le premier nombre sur la calculatrice, Bécassine s'est trompée et elle a obtenu une moyenne de 13 mm. Quel nombre a-t-elle tapé ? ....

2 C'est un devoir

Après avoir corrigé ses copies, un professeur construit le diagramme en bâtons ci-contre.

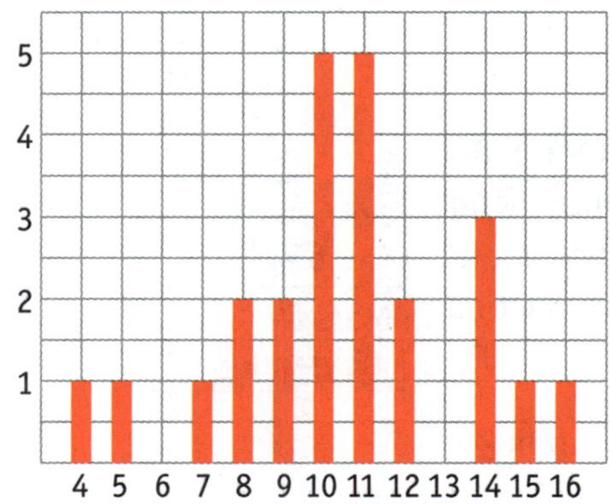

a. Combien de fois a-t-il mis la note 12 ?

....

b. Quelles sont les notes figurant sur trois copies au moins ? ....

c. Calculer l'effectif de la classe : ....

d. Compléter le tableau des fréquences exprimées en pourcentage (arrondir à 0,1 près).

Note	4	5	7	8	9	10	11	12	14	15	16
Fréquence (en %)											

e. Calculer, à 0,01 près, la moyenne de la classe, à l'aide de la calculatrice :

....

COUP DE POUCE
b. Le professeur n'a mis qu'une seule fois la note 4.

Chouette

5e

12-13 ANS

Le guide

Maths

Les corrigés des exercices

Tous les corrigés détaillés, avec des explications complémentaires

Des infos parents

Au début des corrigés de chaque chapitre

Hatier

1 Revoir les multiples et les diviseurs

INFOS PARENTS

Une introduction à l'arithmétique qui commence nécessairement par réviser les notions de diviseurs et de multiples, puis celle de la division euclidienne avec son dividende, son diviseur, son quotient et son reste : voilà le but de cette séquence.

1 **a.** 240 est un multiple de 5
b. 6 est un diviseur de 240
c. 240 a pour diviseur 5
d. 8 a pour multiple 240
e. 1 est un diviseur de tout entier
f. Si 3 est un diviseur de a alors a est un multiple de 3
g. Tout entier non nul est multiple / diviseur de lui- même. (Les deux réponses conviennent.)

EXPLICATION
b. $6 \times 40 = 240$
d. $240 = 8 \times 30$

2 **a.** Vrai **b.** Faux **c.** Vrai **d.** Faux

EXPLICATION
a. C'est la définition d'un nombre pair.
b. 7 n'est pas divisible par 3, par exemple.
d. 13 n'est pas divisible par 2 alors que la somme des chiffres est paire.

3

343	2 007	135	3 780	2 015
1 515	412	123	111 114	43 210

EXPLICATION
La somme des chiffres des multiples de 9 est divisible par 9.
Par exemple, $2 + 0 + 0 + 7 = 9$ ou $3 + 7 + 8 + 0 = 18$.

4 **a.** On souligne les nombres dont le chiffre des unités est 0 ou 5. Voir ci-dessus.
b. Ce diviseur est 135.
En effet, $135 = 135 \times 1$ et $3\,780 = 135 \times 28$.
c. 5 559.

5 **a.** • le quotient : 26 • le reste : 21 • le dividende : 1 789 • le diviseur : 68.
b. On a : $1\,789 = 68 \times 26 + 21$ et $21 < 68$.

6 On effectue la division euclidienne de 4 735 par 12.
$4\,735 = 12 \times 394 + 7$: il y a donc 394 cartons pleins et il reste 7 bouteilles.

7 $228 = 8 \times 27 + 12$
Le camion doit effectuer 8 tours au maximum de sa capacité et un neuvième tour supplémentaire avec 12 m^3.

8 **a.** La somme des chiffres est 16, non divisible par 3.
b. 1 234 320 ; 1 234 323 ; 1 234 326 ; 1 234 329.
Remarque : on peut vérifier que la somme des chiffres de ces nombres est divisible par 3.
Par exemple : $1 + 2 + 3 + 4 + 3 + 2 + 0 = 15 = 3 \times 5$.

9 **a.** 1 ; 2 ; 3 ; 4 ; 6 ; 9 ; 12 ; 18 ; 36
b.

12	1	18	→ 216
9	6	4	→ 216
2	36	3	→ 216
↓ 216	↓ 216	↓ 216	

Diagonales : 216 ; 216

EXPLICATION
Hormis le 6, les diviseurs de 36 vont par deux : 1 et 36 ; 2 et 18 ; 3 et 12 ; 4 et 9. La solution n'est pas unique.

c. Les diviseurs de 100 sont :
1 ; 2 ; 4 ; 5 ; 10 ; 20 ; 25 ; 50 ; 100.

20	25	2
1	10	100
50	4	5

2 Connaître les règles de priorité

INFOS PARENTS

Les règles de priorité ont pour but d'alléger les écritures mathématiques en supprimant certaines parenthèses. Les mathématiciens ont décidé que la multiplication et la division seraient prioritaires par rapport à l'addition et la soustraction. D'autres choix étaient possibles mais pour nous comprendre nous devons tous appliquer les mêmes règles.

1 $a = 4 \times 4 + 4 \times 4 = 16 + 16 = 32$
$b = 4 + 4 \times 4 + 4 = 4 + 16 + 4 = 24$
$c = 4 + 4 \times 4 \times 4 = 4 + 64 = 68$
$d = 6 + 6 \times (6 \times 6 + 6) = 6 + 6 \times (36 + 6)$
$= 6 + 6 \times 42 = 6 + 252 = 258$

EXPLICATION
On applique les règles de priorité.

2 **a.** Vrai car $3 \times 9{,}2 + 0{,}2 - 1 = 27{,}6 + 0{,}2 - 1 = 26{,}8$
b. Faux car $5 \times 0{,}7 - 0{,}7 = 3{,}5 - 0{,}7 = 2{,}8$
c. Faux car $67 + 3 \times 100 = 67 + 300 = 367$
d. Faux car $15 \div 3 + 2 - 2 = 5 + 2 - 2 = 5$

EXPLICATION
Seul **a.** est correct. On corrige donc **b.**, **c.** et **d.**

3 $a = ((3 \times 7) + (7 \times 8)) = 3 \times 7 + 7 \times 8$
$= 21 + 56 = 77$
$b = (5 + 4) + (5 \times 4) = 5 + 4 + 5 \times 4 = 9 + 20 = 29$
$c = 11 \times (8 \times 9) = 11 \times 8 \times 9 = 792$
$d = 2 + (9 - (7 + 1)) = 2 + 9 - (7 + 1) = 2 + 9 - 8 = 3$

EXPLICATION
Les règles de priorité permettent de supprimer les parenthèses superflues.

4 Pour chaque exemple plusieurs solutions sont possibles.
$0 = 2 \times 0 \times 1 \times 6$; $2 = 2 + 0 \times 1 \times 6$
$6 = 2 \times 0 \times 1 + 6$; $7 = 2 \times 0 + 1 + 6$
$8 = 2 + 0 + 1 \times 6$; $9 = 2 + 0 + 1 + 6$

5 $a = 5 + 4 + 3 \times 2 \times 1 = 9 + 6 = 15$
$b = 5 + 4 \times 3 + 2 \times 1 = 5 + 12 + 2 = 19$
$c = 5 + 4 \times 3 \times 2 + 1 = 5 + 24 + 1 = 30$
Il faut donc barrer b et c.

EXPLICATION
On calcule chaque expression pour conclure.

6 En tenant compte des règles de priorité, on obtient :
$a = (9 + 5) \times (8 + 2) = 114$
$b = (9 + 5) \times (8 + 2) = 59$
$c = 2 + 3 \times ((5 + 2) \times 4) = 41$

7 **a.** $3 \times (7 + 9) = 3 \times 16 = 48$.
b. $16 + 4 \times 5 = 16 + 20 = 36$.
c. $13 \times 11 + 14 \times 19 = 143 + 266 = 409$.

EXPLICATION
Pour le **b.** et le **c.**, les parenthèses sont inutiles car la multiplication est prioritaire sur l'addition.

8

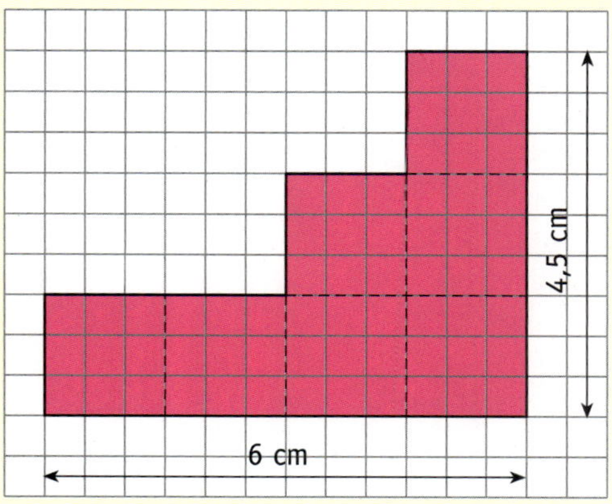

a. Le périmètre de cette figure est :
$6 + 4{,}5 + 5 \times 1{,}5 + 3 = 10{,}5 + 7{,}5 + 3 = 21$ (en cm).
b. On compte 7 carrés de 1,5 cm de côté.
Donc Aire $= 7 \times 1{,}5^2 = 7 \times 2{,}25 = 15{,}75$ (en cm²).

EXPLICATION
$1{,}5^2$ signifie $1{,}5 \times 1{,}5$ et se prononce « 1,5 au carré ».

9 La figure proposée est un rectangle amputé de deux demi-disques. Pour calculer le périmètre de la figure, il faut remplacer deux segments par deux demi-cercles.

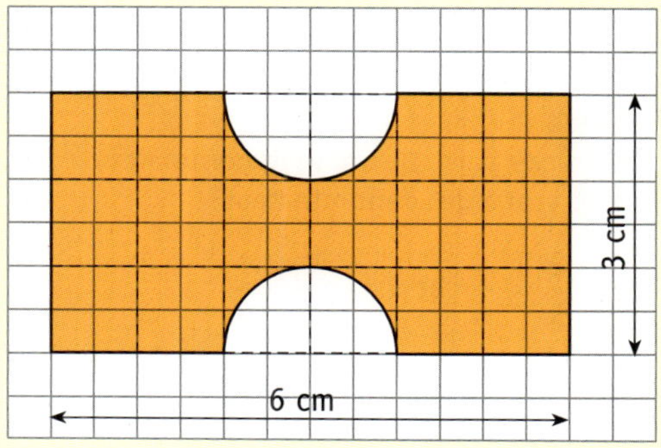

$(3 + 6) \times 2 - 2 \times 2 + 2 \times \pi \times 1 = 9 \times 2 - 4 + 2 \times \pi$
$= 18 - 4 + 2\pi = 14 + 2\pi$
soit environ 20,3 cm.

3 Comparer des fractions

INFOS PARENTS
Des fractions qui s'écrivent de façons différentes peuvent avoir la même valeur, par exemple $\frac{2}{4} = \frac{1}{2}$.
On apprend, dans ce chapitre, à transformer des fractions différentes en fractions ayant le même dénominateur. Ainsi on pourra comparer ces fractions ou les ranger dans un certain ordre.

1 $a = \frac{4}{6} = \frac{2 \times 2}{2 \times 3} = \frac{2}{3}$ $c = \frac{6}{12} = \frac{6 \times 1}{6 \times 2} = \frac{1}{2}$

$b = \frac{2}{20} = \frac{2 \times 1}{2 \times 10} = \frac{1}{10}$ $d = \frac{25}{35} = \frac{5 \times 5}{7 \times 5} = \frac{5}{7}$

CONSEIL
Il est bon de connaître les tables de multiplication pour simplifier aisément.

2 $a = \frac{7}{4} = \frac{7 \times 3}{4 \times 3} = \frac{21}{12}$

$b = \frac{8}{5} = \frac{8 \times 4}{5 \times 4} = \frac{32}{20}$

$c = \frac{3}{20} = \frac{3 \times 7}{20 \times 7} = \frac{21}{140}$

$d = \frac{25}{35} = \frac{5 \times 5}{7 \times 5} = \frac{5}{7} = \frac{5 \times 2}{7 \times 2} = \frac{10}{14}$

Remarque : C'est l'apprentissage de la réduction au même dénominateur.

3 **a.** $A = \frac{17}{8} = \frac{17}{8}$ et $B = \frac{8}{4} = \frac{16}{8}$

b. $A = \frac{31}{100} = \frac{31}{100}$ et $B = \frac{4}{10} = \frac{40}{100}$

EXPLICATION
Dans ces cas particuliers, le dénominateur commun est le plus grand des dénominateurs.

4 **a.** $A = \frac{2}{3} = \frac{4}{6}$ et $B = \frac{3}{2} = \frac{9}{6}$

b. $A = \frac{7}{6} = \frac{35}{30}$ et $B = \frac{7}{10} = \frac{21}{30}$

EXPLICATION
Le dénominateur commun est multiple de celui de A et de celui de B. C'est le cas le plus courant.

5 $a = \frac{3{,}6}{7{,}49} = \frac{360}{749}$

$b = \frac{48}{0{,}009} = \frac{48\,000}{9}$

$c = \frac{3{,}14}{2{,}2} = \frac{31{,}4}{22}$

EXPLICATION
Il suffit de multiplier numérateur et dénominateur par 10, 100, 1 000,...

6 **a.** $\frac{25}{16} < \frac{31}{16}$

b. $\frac{31}{17} > \frac{30}{17}$

c. $\frac{20}{100} > \frac{19}{100}$

d. $\frac{89}{100} > \frac{850}{1\,000}$.

7 **a.** $\frac{13}{3} = \frac{26}{6} > \frac{24}{6}$

b. $\frac{4}{10} = \frac{40}{100} > \frac{31}{100}$

c. $\frac{155}{500} = \frac{310}{1000} < \frac{312}{1000}$

d. $\frac{11}{5} = \frac{55}{25} = \frac{55}{25}$

EXPLICATION
On écrit les deux fractions avec le même dénominateur, puis on compare les numérateurs.

8 **a.** $\frac{3}{4} = \frac{9}{12}$ $\frac{1}{2} = \frac{6}{12}$ $\frac{2}{3} = \frac{8}{12}$

b. $\frac{1}{2} < \frac{7}{12} < \frac{2}{3} < \frac{3}{4} < \frac{10}{12} < \frac{11}{12}$

c. $\frac{1}{2} = 0{,}5$; $\frac{7}{12} \approx 0{,}58$; $\frac{2}{3} \approx 0{,}67$;

$\frac{3}{4} = 0{,}75$; $\frac{10}{12} \approx 0{,}83$; $\frac{11}{12} \approx 0{,}92$.

9 $A = \frac{3}{8}$ $C = \frac{1}{4} = \frac{2}{8}$ $E = \frac{1}{2} = \frac{4}{8}$

$B = \frac{1}{2} = \frac{4}{8}$ $D = \frac{3}{8}$ $F = \frac{1}{4} = \frac{2}{8}$

D'où $C = F < A = D < B = E$

EXPLICATION
Suivant les cas on peut, en utilisant des symétries, regrouper ou décomposer les parties coloriées.

4 Utiliser des nombres relatifs

INFOS PARENTS
On connaît déjà les nombres positifs, mais des situations de la vie courante nécessitent des nombres négatifs (températures hivernales, dettes ou débits, dates d'événements majeurs de l'Antiquité...). On apprend ici à utiliser ces nouveaux nombres.

1

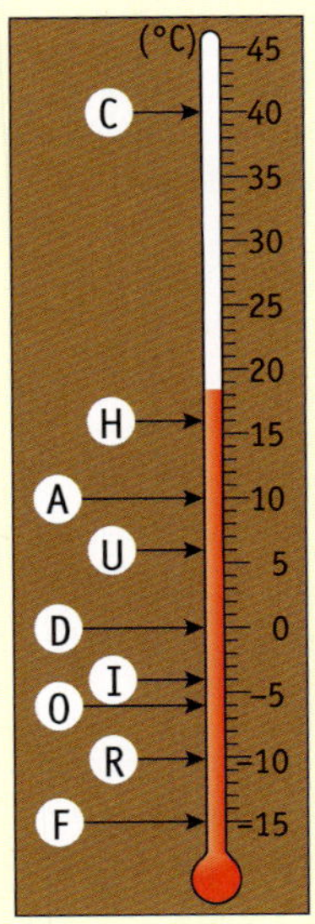

a.

Niveau du liquide	A	C	D	F	H	I	O	R	U
Température (°C)	+ 10	+ 40	0	– 15	+ 16	– 4	– 6	– 10	+ 6

b. Par exemple : + 10 et – 10.

c. Par exemple : + 40 et – 6.

Remarque : Pour le **c.** on pouvait aussi donner + 10 et – 15 ou bien + 6 et – 4.

2 La phrase fausse est : **e**

EXPLICATION
2 et – 3 sont de signes contraires mais ils ne sont pas opposés.

3

Mer Rouge	Mont Blanc	Mer Baltique	Pic du Vignemale
– 3 040 m	+ 4 807 m	– 470 m	+ 3 298 m

Col Bayard	Mer Adriatique	Mer Noire
+ 1 248 m	– 1 260 m	– 2 245 m

Remarque : Belle occasion pour réviser la géographie !

4

Fondation légendaire de Rome par Romulus	Bataille de Marignan	Bataille d'Alésia
– 753	+ 1515	– 52

Les Hébreux quittent l'Égypte sous la conduite de Moïse	Fin de la Grande Guerre	Naissance de Jésus-Christ
– 1440	+ 1918	+ 0 ou – 0

Remarque : Belle occasion pour réviser l'histoire !

5

5	**+ 2**	**– 1,8**	–10	52,7	**– 85**	–8	**– 3,6**	0	**+ 1,1**
– 5	–2	1,8	**+ 10**	**–52,7**	+85	**+ 8**	+3,6	**0**	–1,1

Opposé

Remarque : 0 est le seul nombre égal à son opposé.

6 **a.**

Jour	1	2	3	4	5	6	7
Température (°C)	**+ 3**	**– 1**	**+ 2**	**– 2**	**– 3**	**– 2**	**+ 1**

b.

Jour	1	2	3	4	5	6	7
Température (°C)	–3	–2	2	5	0	1	–1

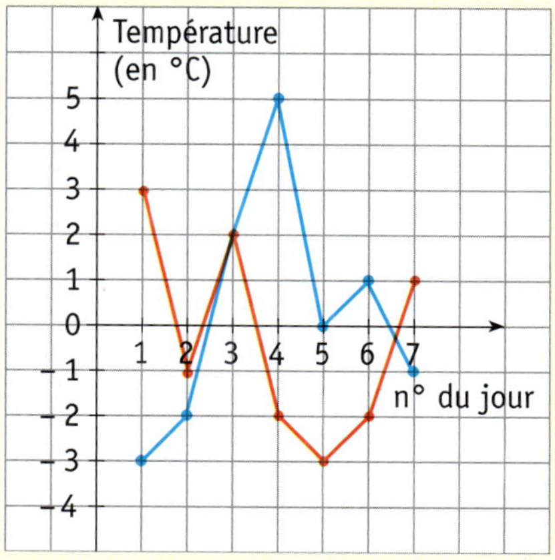

5 Comparer des nombres relatifs

INFOS PARENTS

On sait comparer deux décimaux positifs (ceci est vu en Sixième).
Maintenant on apprend à comparer deux nombres décimaux de signes quelconques. En cas d'incertitude, on utilisera une droite graduée pour bien « voir » ce qui se passe.

1
a. 6 > 3
b. – 32 < – 26
c. – 7 > – 89
d. – 3 < 3,1
e. – 8 = – 8
f. – 12 < 18
g. 8,2 > – 1,2
h. 18,7 > – 18,7
i. 0,6 > – 1
j. 0 < 6,3
k. 5,4 > – 5,4
l. – 35 < 0,1

2
a. 119 ⩾ 47
b. 5,34 ⩾ 3,44
c. 0 ⩾ – 5
d. – 3,51 ⩾ – 3,52
e. – 6 ⩽ – 6
f. – 6 ⩽ 0
g. 8 ⩾ 0
h. – 3,46 ⩾ – 3,56
i. – 2,31 ⩽ 2,31
j. 0 ⩽ 0
k. – 2 ⩾ – 135
l. 0,01 ⩽ 0,1

Remarque : Pour le **e.** et le **j.** on aurait pu mettre – 6 ⩾ – 6 et 0 ⩾ 0.

3 a. − 1,3 < − 6,7
b. − 3 ⩽ 24
c. − 1995 > − 8
d. 0 < 131
e. 0 ⩽ − 1,8
f. 8,5 ⩽ 0
g. − 8 ⩽ 0
h. 2 < − 3
i. − 1,2 ⩽ − 1,3
j. 0 ⩾ 0
k. 0,1 > − 79
l. − 6 ⩽ − 6

4 C'est − 7 !
Remarque : En revanche, il n'existe pas de nombre x tel que x > − 7 et x < − 7.

5 Les inégalités à rayer sont : **c** et **d**.

6

CONSEIL
On peut commencer à ranger séparément les nombres positifs et les nombres négatifs.

− 3,12 < − 2,31 < − 1,32 < 1,23 < 3,21 < 12,3

7 Même conseil.
10,01 > 1,001 > 0,011 > − 0,101 > − 10,01 > − 11

8 − 2010 < − 2002 < − 2000 < − 1999 < − 1997 < − 1992

9 Ce sont : − 3 ; − 2 ; − 1 ; 0 ; 1 ; 2 ; 3 ; 4.

10 a. 2 < 2,1 < 3
b. 10 < 10,5 < 11
c. − 6 < − 5,8 < − 5
d. − 11 < − 10,5 < − 10
e. − 1 < − 0,2 < 0
f. − 4 < − 3,14 < − 3

11

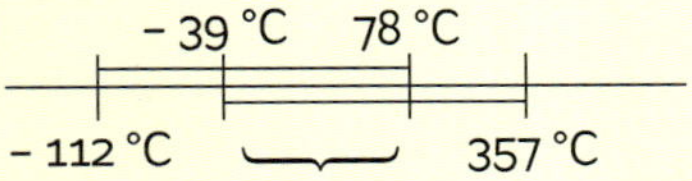

Rangeons les températures en ordre croissant :
− 112 < − 39 < 78 < 357.
Entre − 39 °C et 78 °C on peut utiliser les deux thermomètres car l'alcool et le mercure sont tous les deux liquides entre ces deux températures.

6 Additionner des nombres relatifs

INFOS PARENTS
L'étude des opérations sur les nombres relatifs débute ici avec l'addition.
Le but de ce chapitre est d'assimiler les différentes règles de l'addition à appliquer suivant les cas rencontrés.

1 $a = (-3) + (+5) = +2$
$b = 6 + (-8) = -2$
$c = 0 + 5 = 5$
$d = 26 + (-4{,}5) = 21{,}5$
$e = -2 + (-4) = -6$
$f = -0{,}1 + (-0{,}3) = -0{,}4$
$g = 1 + (-99) = -98$
$h = 1{,}5 + (-3) = -1{,}5$
$i = 15 + (-15) = 0$

EXPLICATION
Dans (+ 5) on supprime les parenthèses et le signe +, alors que dans 6 + (− 8) les parenthèses sont indispensables pour éviter l'écriture : + −.

2 $a = -1 + (-4) + 6 = 1$
$b = 4 + (-5{,}5) + 1 = -0{,}5$
$c = -3 + (-2) + (-10) + 20 = 5$
$d = 8 + 1 + (-9) + 0 + (-4) = -4$
$e = 100 + (-10) + 1 + (-1000) = -909$
$f = -5 + 7 + 5 + (-7) = 0$

EXPLICATION
Pour f on peut changer l'ordre des termes et écrire $f = -5 + 5 + 7 + (-7)$.

3

+	−4	−3,2	−7	0
− 5,6	− 9,6	− 8,8	− 12,6	− 5,6
− 8	− 12	− 11,2	− 15	− 8
− 2,7	− 6,7	− 5,9	− 9,7	− 2,7
− 0,5	− 4,5	− 3,7	− 7,5	− 0,5

+	2	5,6	7	4,8
− 5,6	− 3,6	0	1,4	− 0,8
− 8	− 6	− 2,4	− 1	− 3,2
− 2,7	− 0,7	2,9	4,3	2,1
− 0,5	1,5	5,1	6,5	4,3

4

		0		0		0		
	7	− 3	−2	− 1	1	8	4	
0	5	−8	−10	0	7	3	13	0
	6	1	0	7	3	6	6	
0	13	3	8	4	− 3	−6	− 1	0
	4	2	1	7	−4	− 3	−1	
0	− 1	−6	− 1	6	1	8	2	0
	1	− 7	−2	− 5	−9	− 6	−5	
		0		0		0		

Remarque : Une erreur sur une case n'entraîne pas un résultat faux dans les autres cases.
En fait les calculs sont indépendants les uns des autres.

5 C'est la *d*.
$a = -3 + (-8) + 3 + 5 = -3$
$b = -6 + (-1) + 4 = -3$
$c = -9 + 16 + (-10) = -3$
$d = 10 + (-2) + (-5) = 3$

CONSEIL
Vérifier éventuellement les résultats à la calculatrice.

6 $c = d = -1$
$a = 7 + (-4) + 0 + (-8) = -5$
$b = 10 + (-3) + (-9) + 2 = 0$
$c = -3 + (-5{,}1) + (-0{,}9) + 8 = -1$
$d = 6{,}3 + 5{,}2 + (-3{,}5) + (-9) = -1$

7 $a = (-1) + 2 + (-3) + 4 + (-5) + 5 + (-4) + 3 + (-2) + 1$
$= (-1) + 1 + 2 + (-2) + (-3) + 3 + 4 + (-4) + (-5) + 5$
$= 0$
$b = (-10) + 9 + (-8) + 7 + (-6) + 5 + (-4) + 3 + (-2) + 1$
$= -1 + (-1) + (-1) + (-1) + (-1) = -5$
$c = (-1) + 2 + (-3) + 4 + (-5) + 6 + (-7) + 8$
$= 1 + 1 + 1 + 1 = 4$

EXPLICATION
- Il est utile de réfléchir avant de commencer le calcul en observant par exemple que dans le *a* certains nombres sont opposés.
- Pour le *b* et le *c*, on peut regrouper un nombre positif et un nombre négatif dont la somme fait 1 ou − 1.

7 Soustraire des nombres relatifs

INFOS PARENTS
La soustraction se ramène à une addition en appliquant la règle : soustraire un nombre relatif, c'est ajouter son opposé.
Cette soustraction généralise celle que l'on connaît déjà. Notons que la règle de suppression des parenthèses sera vue en Quatrième.

1 $a = 7 - 2 = 5$
$b = 7 - (-3) = 7 + (+3) = 7 + 3 = 10$
$c = -2 - (-7) = -2 + (+7) = -2 + 7 = 5$
$d = 2 - 7 = 2 + (-7) = -5$
$e = -3 - 7 = -3 + (-7) = -10$
$f = -7 - (-2) = -7 + 2 = -5$
$g = 1 - 2\,000 = 1 + (-2\,000) = -1\,999$
$h = -103 - 7 = -103 + (-7) = -110$
$i = 13 - 213 = 13 + (-213) = -200$
$j = 0 - (-5) = 0 + (+5) = 5$

EXPLICATION
Pour *a*, l'étape 7 + (− 2) n'est pas nécessaire.

2 **a.**

−4	−5	0
1	−3	− 7
− 6	−1	− 2

b.

−2	8	−6
− 4	0	4
6	− 8	2

c.

− 0,4	− 1,1	2,4
3,1	0,3	− 2,5
−1,8	1,7	1

EXPLICATION
On calcule d'abord la somme commune aux lignes, aux colonnes et aux diagonales.
Pour le **a.** : − 9 (2e colonne), le **b.** : 0 (3e colonne), le **c.** : 0,9 (diagonale).

3

a.

Flèches entre les colonnes : +5 ; −7 ; −3
Flèches entre les lignes : −1 ; +4

1	6	− 1	− 4
0	5	− 2	− 5
4	9	2	− 1

b.

Flèches entre les colonnes : +4 ; −5
Flèches entre les lignes : −6 ; +2

4	8	3
− 2	2	− 3
0	4	−1

c.

Flèches entre les colonnes : −1 ; +3 ; +5 ; −10
Flèches entre les lignes : +2 ; −5

−5	− 6	− 3	2	− 8
− 3	− 4	− 1	4	− 6
− 8	− 9	− 6	− 1	− 11

d.

Flèches entre les colonnes : −1 ; −3
Flèches entre les lignes : +0 ; +2

− 3	− 4	− 7
− 3	−4	− 7
− 1	− 2	− 5

4 $a = -12 + (-4) - 3 = -16 - 3 = -16 + (-3)$
$= -19$
$b = 8{,}2 - 4{,}1 + (-6{,}1) = 4{,}1 + (-6{,}1) = -2$
$c = (-22) + (-40) - (-50) = -62 - (-50)$
$= -62 + (+50) = -12$
$d = (+33) - (-44) + (-22) - (+55)$
$= 33 + 44 + (-22) + (-55) = 77 + (-77) = 0$

5 $a = (7 - 4) + (3 - 8) = 3 + (-5) = -2$
$b = (-6 + 4) + (35 - 13{,}5) = (-2) + (21{,}5) = 19{,}5$
$c = (5 - 7{,}5 + 1) - (2 + 7 - 3) = (-1{,}5) - 6$
$= -1{,}5 + (-6) = -7{,}5$
$d = (200 - 2\,000) + (2\,000 - 20\,000)$
$= (-1\,800) + (-18\,000) = -19\,800$

6 $a = (-5 - 4) - (-3 - 2) = -9 - (-5) = -9 + 5$
$= -4$
$b = 9 - (11 - 4 + 5) = 9 - 12 = 9 + (-12) = -3$
$c = (-6 + 2 - 14) + (2 - 3) - (8 - 13)$
$= (-18) + (-1) - (-5) = -18 + (-1) + 5 = -14$

8 Découvrir le calcul littéral et les équations

INFOS PARENTS

Pour résoudre des équations, on utilise, bien entendu, le calcul littéral. Il s'agit ici d'aborder ces deux notions primordiales.

1 **a.** On compte 6 fois la longueur a et 4 fois la longueur b d'où $p = 6a + 4b$.
b. On compte aussi 4 sommes $(a + b)$ et 2 fois la longueur a d'où $p = 4(a + b) + 2a$. C'est donc correct.
c. Pour $a = 9{,}2$ et $b = 2{,}9$ on obtient :
$p = 6 \times 9{,}2 + 4 \times 2{,}9 = 66{,}8$.
d. $p = 6 \times (2a) + 4 \times (3b) = 12a + 12b$.

2 **a.** $p = 5 + 3{,}14 \times 2 + 3{,}14 \times 5 \div 2 = 5 + 6{,}28 + 7{,}85$ d'où $p = 19{,}13$ cm.
b. $p = b + \pi \times a + b \times \pi \div 2 = b + \pi a + \pi b \div 2$.

3

a	b	c	ac	bc	$(a + b)c$	$ac + bc$
5	11	3	15	33	48	48
13	9	5	65	45	110	110
4	5	3	12	15	27	27

EXPLICATION

Pour la 2e ligne du tableau :
comme $bc = 45$ et $b = 9$ alors $c = 5$.
Pour la 3e ligne du tableau :
comme $ac = 12$ et $a = 4$ alors $c = 3$ et comme $bc = 15$ alors $b = 5$.

4 **a.** $3y = 3$;
$4x + 2 = 4 \times 0{,}25 + 2 = 1 + 2 = 3$: V
b. $3y = 3 \times 2{,}5 = 7{,}5$;
$4x + 2 = 4 \times 1{,}5 + 2 = 6 + 2 = 8$: F
c. $3y = 3 \times 14 = 42$;
$4x + 2 = 4 \times 10 + 2 = 42$: V
d. $3y = 3 \times 0{,}65 = 1{,}95$;
$4x + 2 = 4 \times 0{,}01 + 2 = 2{,}04$: F

5 **a.** $x + 7 = -6$ soit $x + 7 + (-7) = -6 + (-7)$ soit $x = -13$.
b. $x + (-13) = 9$ soit $x + (-13) + 13 = 9 + 13$ soit $x = 22$.
c. $x + 5 = 0$ soit $x + 5 + (-5) = 0 + (-5)$ soit $x = -5$.
d. $x + (-4) = -4$ soit $x + (-4) + 4 = -4 + 4$ soit $x = 0$.
e. $2 + x = -11$ soit $-2 + 2 + x = -2 + (-11)$ soit $x = -13$.
f. $-8 = 3 + x$ soit $-3 + (-8) = -3 + 3 + x$ soit $-11 = x$.

6 $x + 2 \times 23 = 57$ soit $x + 46 = 57$
soit $x + 46 + (-46) = 57 + (-46)$ soit $x = 11$ cm.

EXPLICATION
Le périmètre du triangle c'est la base x plus deux côtés de même longueur 23.

9 Utiliser la proportionnalité

INFOS PARENTS
Dans la vie courante, on rencontre souvent des situations de proportionnalité. On apprend ici à les reconnaître mais aussi à déjouer les pièges.
On utilise ici le coefficient de proportionnalité pour trouver la quatrième proportionnelle.

1 **a.**

5	7
12,5	17,5

$7 \times \frac{12,5}{5} = 7 \times 2,5 = 17,5$

b.

4	9
5,2	11,7

$4 \times \frac{11,7}{9} = 4 \times 1,3 = 5,2$

c.

17	1
51	3

$17 \times \frac{3}{1} = 51$

2 **a.**

6	8,4
6,9	9,66

$8,4 \times \frac{6,9}{6} = 8,4 \times 1,15 = 9,66$

b.

202,5	1 575
8,1	63

$202,5 \times \frac{63}{1\,575} = 202,5 \times 0,04 = 8,1$

c.

33,6	2,94
24	2,1

$2,1 \times \frac{33,6}{24} = 2,1 \times 1,4 = 2,94$

3 Dans ce cas, la distance est proportionnelle au temps : $340 \times 20 = 6\,800$ m.

CONSEIL
On retient la formule $d = v \times t$, où d est la distance, v la vitesse et t le temps.

4

h	1	0,5	0,4	0,15	0,7	0,8	0,25	0,2	0,75
min	60	30	24	9	42	48	15	12	45

EXPLICATION
On peut aussi à cette occasion observer que :
$0,5 \text{ h} = \frac{1}{2} \text{ h}$; $0,25 \text{ h} = \frac{1}{4} \text{ h}$; $0,75 \text{ h} = \frac{3}{4} \text{ h}$.

5 On utilise la formule $L = 2\pi \times R$.

R (m)	10	15	12	1	23,87	7
L (m)	62,83	94,25	75,40	6,28	150	43,98

6

Nombre de marches	9	12	16	18
Prix en euros	235	280	340	370

Le coefficient de proportionnalité devrait être $\frac{235}{9} \approx 26,11$ ou $\frac{370}{18} \approx 20,56$. Donc il n'y a pas de proportionnalité.

EXPLICATION
S'il y avait proportionnalité, quand on double le nombre de marches le prix devrait aussi doubler.

7 **a.** Elle consomme $375 \times \frac{6,25}{100} = 23,4375$ soit environ 23,44 L.

6,25	x	
100	375	$\times \frac{6,25}{100}$

b. Elle peut faire : $40 \times \frac{100}{6,25} = 640$ km.

6,25	40	
100	x	$\times \frac{100}{6,25}$

EXPLICATION
On suppose bien sûr que la consommation reste constante.

8

H (cm)	4	2,5	6	10	8,5	13
V (cm^3)	28	17,5	42	70	59,5	91

On a $V = B \times H$ pour le volume d'un parallélépipède rectangle. Comme B est constant et égal à 7 alors V est proportionnel à H (le coefficient de proportionnalité est 7).

9 **a.** $\times 0,7$

2	3	4	4,5	0
1,4	2,1	2,8	3,15	0

b.

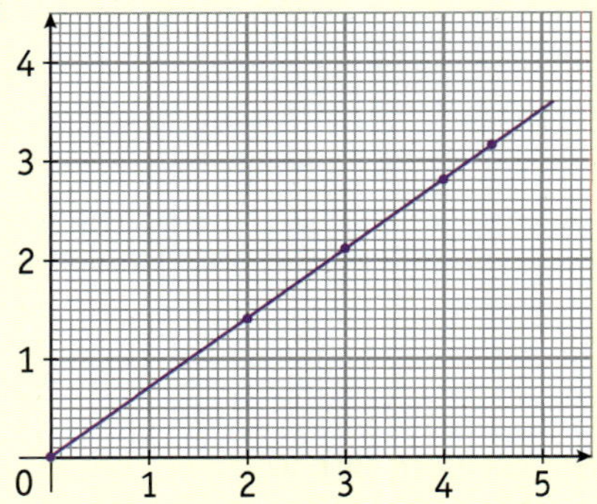

c. Les points du graphique sont alignés sur une droite passant par l'origine O.

10 Calculer et utiliser des échelles

INFOS PARENTS
Lire des distances sur une carte ; déterminer des longueurs sur un plan, etc. Voilà des situations où l'on utilise des échelles, avec la proportionnalité comme outil de base.

1 **a.** 1 cm sur le plan représente 50 cm dans la réalité.
b.

Sur le plan (en cm)	15	24	10
Distances réelles (en m)	7,5	12	5

2 Longueur du trait sur le dessin : 5 cm.
Donc 5 cm sur le dessin représente 200 cm.

Donc 1 cm représente $\frac{200}{5} = 40$ cm dans la réalité.

L'échelle est donc $\frac{1}{40}$.

3 **a.** Mettons tout en cm : 14,55 m = 1 455 cm.
Mesurons sur le plan la distance correspondant à 1 455 cm : c'est 9,7 cm.

Donc 1 cm représente $\frac{1\,455}{9,7} = 150$ cm. Donc l'échelle est $\frac{1}{150}$.

b.

Pièce	Chambre	Chambre de bébé	Séjour	Cuisine
Aire (en m^2)	10,7	5,7	15,2	5

EXPLICATION

▸ **b.** On mesure sur le plan les dimensions de la chambre, on trouve : 1,9 cm et 2,5 cm.
Ce qui donne dans la réalité :
$1{,}9 \times 150 = 285$ cm $= 2{,}85$ m
$2{,}5 \times 150 = 375$ cm $= 3{,}75$ m
Donc l'aire de la chambre est : $2{,}85 \times 3{,}75 \approx 10{,}7$ m^2.
▸ On procède de la même manière pour les autres pièces.

4 **a.** En lisant sur la carte :
$20 + 26 + 24 + 15 + 58 + 27 = 170$ km.

b. $\frac{1}{4\ 000}$ $\frac{1}{1\ 200\ 000}$ (entouré) $\frac{1}{100\ 000\ 000}$ $\frac{1}{25\ 000}$

En mesurant, par exemple, la longueur de la route entre Bastia et la borne qui suit au Sud, on trouve 1,65 cm pour une distance réelle de 20 km.
C'est-à-dire 2 millions de cm.
Donc 1,65 cm représente 2 millions de cm.

Donc 1 cm représente $\frac{2\ 000\ 000}{1{,}65} \approx 1\ 200\ 000$ cm.

L'échelle est donc $\frac{1}{1\ 200\ 000}$.

c. • Sur le dessin la longueur maximale est de 15 cm. Sur le terrain cela donne :
$15 \times 1\ 200\ 000 = 18\ 000\ 000$ cm soit 180 km.
• Sur le dessin la largeur maximale est de 7 cm. Sur le terrain cela donne :
$7 \times 1\ 200\ 000 = 8\ 400\ 000$ cm soit 84 km.
• Sur le dessin la distance Bastia-Bonifacio est de 12 cm. Sur le terrain cela donne :
$12 \times 1\ 200\ 000 = 14\ 400\ 000$ cm soit 144 km.

11 Appliquer un taux de pourcentage

INFOS PARENTS

Les soldes en abusent, certains élus aussi.
Bien comprendre les pourcentages permet d'affiner la réflexion citoyenne.
Ici encore la proportionnalité est l'outil de base.

1

Les \ de	36	75	110	556
50 %	18	37,5	55	278
25 %	9	18,75	27,5	139
60 %	21,6	45	66	333,6
200 %	72	150	220	1112

Remarque : on observera que prendre les 50 % d'un nombre c'est le diviser par 2, prendre 25 % c'est le diviser par 4.

2 **a.** L'augmentation est de $2\ 000 \times \frac{2}{100} = 40$ €.
Le nouveau salaire est de $2\ 000 + 40 = 2\ 040$ €.
Remarque : On peut multiplier 2 000 par 0,02 ou bien calculer $2\ 000 \times \frac{2}{100}$

b. L'augmentation a été de $475 \times 0{,}08 = 38$ élèves.
Il y a maintenant $475 + 38 = 513$ élèves.

c. Montant de la T.V.A. : $70 \times \frac{20}{100} = 14$ €.
Prix toutes taxes comprises du produit :
$70 + 14 = 84$ €.

3 **a.** Montant de la réduction : $30 \times 0{,}2 = 6$ €.
Prix réduit du pantalon : $30 - 6 = 24$ €.

b. Nombre d'habitants en moins :
$1\ 800\ 000 \times 0{,}07 = 126\ 000$ hab.
Nouvelle population :
$1\ 800\ 000 - 126\ 000 = 1\ 674\ 000$ hab.

c. Montant de ses pertes :
$46 \times 0{,}024 = 1{,}104$ milliards d'écus.
Il lui reste : $46 - 1{,}104 = 44{,}896$ milliards d'écus.

EXPLICATION

Pour éviter une kyrielle de zéros on utilise le milliard comme unité.

4

Facture n° 2010	Prix H.T.	Prix T.T.C.
1 robinet Kifui	80 €	96 €
1 mélangeur Kiper	140 €	168 €
1 robinet thermos Kigout	210 €	252 €
Main d'œuvre	70 €	84 €
TOTAL :	500 €	600 €
dont T.V.A. (20 %) :		100 €

EXPLICATION
On peut vérifier en calculant la T.V.A. de deux façons :
$600 - 500 = 100$.
$500 \times \frac{20}{100} = 100$.

5

CONSEIL
Poser les opérations sur le brouillon.

Temps du premier parcours :
11 h 02 – 8 h 27 = 2 h 35 soit 155 min.
Augmentation de la durée du trajet :
$155 \times 0{,}40 = 62$ min.
Le train est donc arrivé à
11 h 02 min + 62 min = 11 h 64 = 12 h 04.

12 Calculer un taux de pourcentage

INFOS PARENTS
Dans la vie courante, bien des situations donnent lieu à un calcul de pourcentages (sondages, composition d'aliments...).
En classe de Cinquième, on utilise essentiellement les tableaux de proportionnalité pour calculer les pourcentages.

1 **a.** Les 30 % de 450, c'est 135.
b. Les 260 % de 35, c'est 91.
c. Les 14 % de 350, c'est 49.
d. Les 74 % de 30, c'est 22,2.
e. Les 10 % de 123, c'est 12,3.
f. Les 50 % de 46, c'est 23.
g. Les 100 % de 57, c'est 57.
h. Les 200 % de 9, c'est 18.

2 **a.** Le carré ABCD a pour aire : $50 \times 50 = 2\,500$ et l'aire de R_1 est $30 \times 20 = 600$ d'où le tableau

2 500	100
600	x

$\times \frac{600}{2500}$

d'où $x = 100 \times \frac{600}{2\,500} = 24$

Donc R_1 occupe 24 % de l'aire de ABCD.
b. L'aire de R_2 est : $30 \times 30 = 900$, d'où le tableau

2 500	100
900	x

$\times \frac{900}{2500}$

$x = 100 \times \frac{900}{2\,500} = 36$.

Donc, R_2 occupe 36 % de l'aire de ABCD.
c. R_3 a pour aire $20 \times 50 = 1\,000$.
Donc R_3 occupe 40 % de l'aire de ABCD.
d. On utilise le tableau

50	100
30	x

d'où $x = 100 \times \frac{30}{50} = 60$; soit 60 %.

CONSEIL
Pour vérifier on ajoute les trois pourcentages calculés dans les questions **a.**, **b.** et **c.** On doit obtenir 100 %.

3 **a.** $517 + 204 + 36 + 60 = 817$ h.

b. ① : On utilise le tableau

817	100
517	x

d'où $x = 100 \times \frac{517}{817}$ soit 63,3 %.

② : On utilise le tableau

817	100
204	x

on obtient $x = 100 \times \frac{204}{817}$ soit 25 %.

③ : De même avec le tableau

817	100
36	x

$x \approx 4{,}4$ %.

④ : De même et enfin

817	100
60	x

$x = 7{,}3$ %.

Vérification : 63,3 % + 25 % + 4,4 % + 7,3 % = 100 %.

4

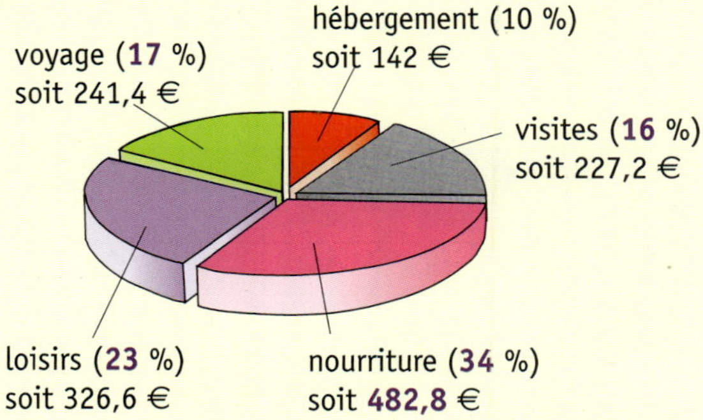

a. Le tableau

10	100
142	x

donne $x = 1\,420$.

b. $1\,420 - (142 + 241{,}4 + 227{,}2 + 326{,}6) = 482{,}8$

c. Voyage : 241,4 € soit 17 % ; Visites : 16 % ;
Loisirs : 23 % ; Nourriture : 34 %.

Calculs non détaillés.

Remarque : pour le **a.**, on peut conclure aussi en observant que 100 % est 10 fois 10 %, donc 10×142.

13 Dessiner et exploiter des graphiques

INFOS PARENTS

On a vu en Sixième qu'une seule coordonnée, l'abscisse, permet de déterminer la position d'un point sur une droite graduée.
Dans le plan, deux coordonnées seront nécessaires : l'abscisse et l'ordonnée.
Ce chapitre est primordial pour comprendre les graphiques que l'on rencontre dans la vie courante.

1

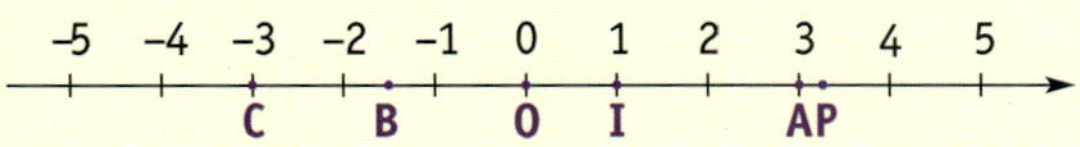

2

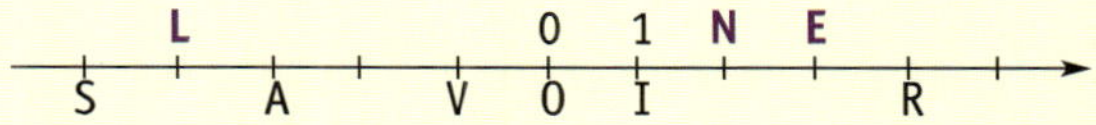

a. S(– 5) ; A(– 3) ; V(– 1) ; O(0) ; I(1) ; R(4).

b. Voir le dessin.

c. Le point V a la plus grande abscisse strictement négative : – 1.

Il y a 3 paires de points d'abscisses opposées : A et E, V et I, L et R.

3

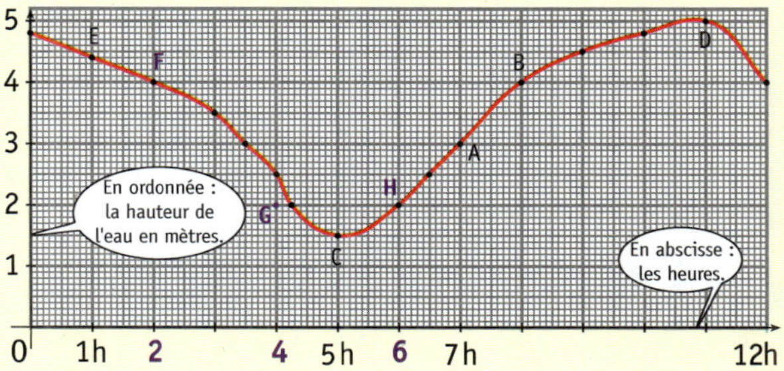

a. A (7 ; 3) ; B (8 ; 4)

b. E (1 ; 4,4) ; C (5 ; 1,5)

c. L'ordonnée du point de la courbe d'abscisse 3 : 3,5
d'abscisse 8 : 4 ; d'abscisse 0 : 4,8

d. 3,5 et 7

e. Non le point G n'est pas sur la courbe.

f. D(11 ; 5) ; C(5 ; 1,5)

4 **a.** et **b.**

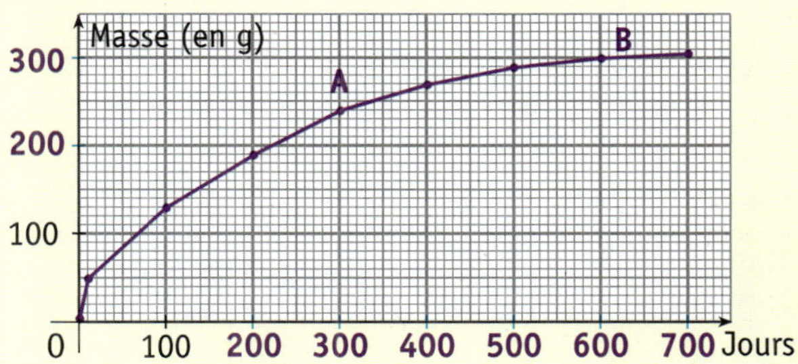

c. 240

d. Non bien sûr, car les points du graphique ne sont pas alignés.

14 Représenter et traiter des données

INFOS PARENTS

Il s'agit ici d'acquérir les premiers outils de la statistique : représenter des données sous forme de diagrammes, de tableaux, les regrouper en classes de même amplitude, calculer des moyennes et des fréquences.

1 **a.** $m = \dfrac{17 + 5 + 32 + 2 + 3 + 10 + 8}{7} = \dfrac{77}{7}$ donc $m = 11$ mm.

b. Bécassine a une moyenne de 13, parce que son total était $7 \times 13 = 91$. Ce total dépassait le total exact de $91 - 77 = 14$.
Donc Bécassine avait tapé $14 + 17 = 31$ mm.

2 **a.** Le professeur a mis 2 fois la note 12.
b. 10 ; 11 et 14.
c. L'effectif total est 24.
d. D'où les fréquences.

Note	4	5	7	8	9	10
Fréquence (en %)	4,2	4,2	4,2	8,3	8,3	20,8

Note	11	12	14	15	16
Fréquence (en %)	20,8	8,3	12,5	4,2	4,2

e. $m = \dfrac{4 + 5 + 7 + 2 \times 8 + 2 \times 9 + 5 \times 10 + 5 \times 11 + 2 \times 12 + 3 \times 14 + 15 + 16}{24}$
$= \dfrac{252}{24} = 10{,}5.$

3 **a.**

Taille (en cm)	$130 \leqslant T < 135$	$135 \leqslant T < 140$	$140 \leqslant T < 145$	$145 \leqslant T < 150$
Effectif	1	3	3	7

Taille (en cm)	$150 \leqslant T < 155$	$155 \leqslant T < 160$	$160 \leqslant T < 165$
Effectif	4	4	2

b.

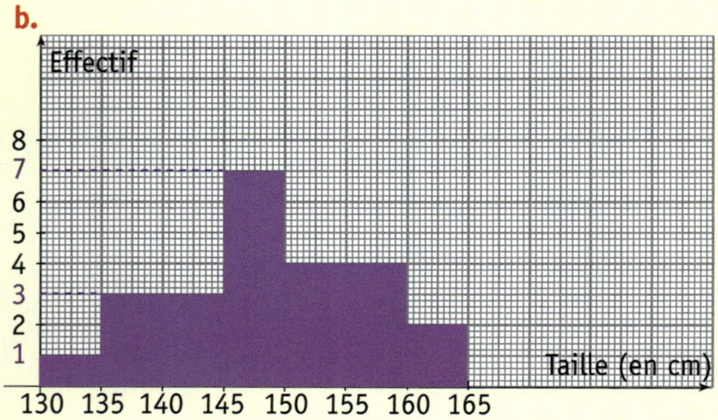

c. On trouve $m = \dfrac{3557}{24} \approx 148{,}2$ cm.

4

Sport	Cyclisme	Natation	Hand-ball	Volley-ball	Tennis	Total
Degrés	150°	45°	45°	55°	65°	360°
Effectif	120	36	36	44	52	288
Fréquence (en %)	41,7 %	12,5 %	12,5 %	15,3 %	18 %	100 %

EXPLICATION
On commence par mesurer l'angle de chaque secteur angulaire.
Ces mesures ne sont qu'approximatives car liées à la lecture de l'angle au rapporteur.

15 Mesurer le hasard

INFOS PARENTS

Dans ce chapitre, il s'agit de comprendre et d'utiliser des notions simples de probabilité dans des contextes familiers.

1 **a.** $\dfrac{1}{6}$.

b. $\dfrac{3}{6} = \dfrac{1}{2}$.

EXPLICATION
Il y a 6 possibilités qui ont chacune la même probabilité de sortir.

2 La probabilité d'obtenir I, II ou III est $\dfrac{9}{10}$.

Donc la probabilité d'obtenir IV est $\dfrac{1}{10}$.

3 **a.** $\dfrac{\text{nombre de boules blanches}}{\text{nombre total de boules}} = \dfrac{4}{7}$. Donc la probabilité d'obtenir une boule blanche est $\dfrac{4}{7}$.

b. $\dfrac{1}{7}$.

c. $\dfrac{3}{7}$.

EXPLICATION
b. et **c.** Même type de raisonnement qu'en **a.**.

4 **a.**

	Garçons	Filles	Total
Pratiquent l'informatique	6	12	18
Ne pratiquent pas l'informatique	4	8	12
Total	10	20	30

EXPLICATION
Il suffit de faire des additions.

b. La probabilité de E_1 est $\frac{12}{30} = \frac{2}{5}$.

La probabilité de E_2 est $\frac{10}{30} = \frac{1}{3}$.

La probabilité de E_3 est $\frac{12}{30} = \frac{2}{5}$.

EXPLICATION
Les réponses se lisent dans le tableau.

5 **a.** Il y a 9 billets qui permettent de gagner 10 €. Donc la probabilité de gagner 10 € est :
$\frac{9}{100} = 0,09 = 9\ \%$.

b. Il y a 30 billets gagnants donc 70 billets perdants. Donc la probabilité de ne rien gagner est :
$\frac{70}{100} = \frac{7}{10} = 70\ \%$.

6 **a.** Il y a 4 rois. Le nombre de cas favorables est donc 4.
La probabilité d'obtenir un roi est donc :
$\frac{4}{32} = \frac{1}{8} = 0,125$.

b. Il y a 4 rois et 4 reines.
Le nombre de cas favorables est donc 8.
La probabilité d'obtenir un roi ou une reine est donc :
$\frac{8}{32} = \frac{1}{4} = 0,25$.

c. Il y a 4 rois et 8 trèfles. Cependant le roi de trèfle ne doit être compté qu'une fois. Le nombre de cas favorables est donc 11.
La probabilité d'obtenir un roi ou un trèfle est donc :
$\frac{11}{32}$.

7 **a.**

1er jet / 2e jet	Pile	Face
Pile	PP	FP
Face	PF	FF

b. La probabilité d'obtenir 2 fois pile est $\frac{1}{4}$.

Celle d'obtenir 2 fois face est $\frac{1}{4}$.

Celle d'obtenir 1 fois pile et 1 fois face est $\frac{2}{4} = \frac{1}{2}$.

16 Revoir et construire la médiatrice

INFOS PARENTS

La médiatrice d'un segment a été définie en Sixième. Une définition équivalente est donnée ici en Cinquième.

On dispose maintenant de deux constructions de la médiatrice. Suivant la nature de l'exercice proposé, on choisira l'une ou l'autre de ces constructions.

1 **a.** On utilise ici le compas pour construire la médiatrice de [LM].

b. Comme LMT est isocèle en T alors TM = TL. Donc T est équidistant de L et de M. Donc T est sur la médiatrice de [LM].

c. La médiatrice *d* est aussi la hauteur du triangle LMT issue de T.

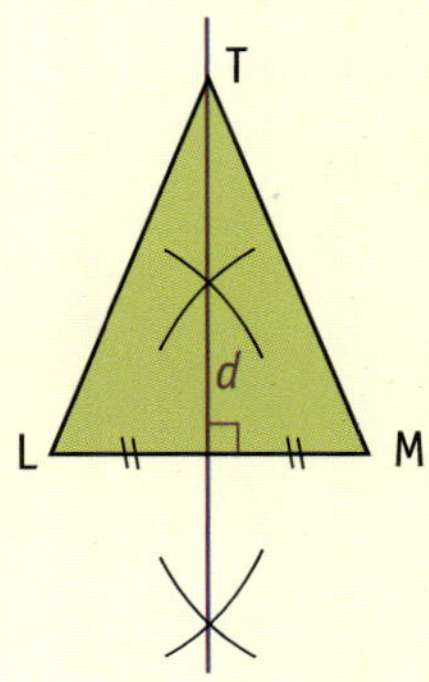

2 **a.**

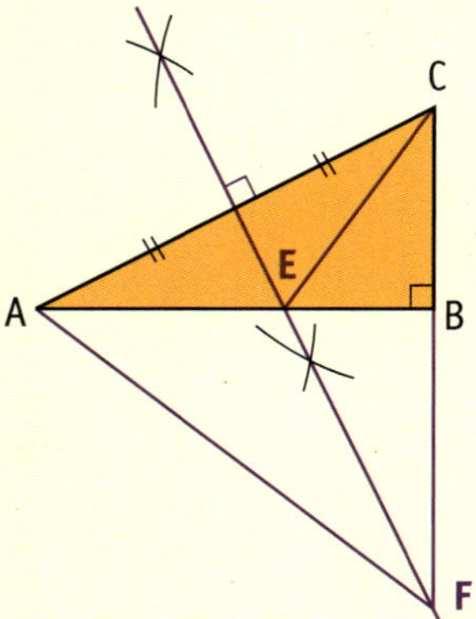

b. E est sur la médiatrice de [AC], donc AE = EC.
c. Comme F est sur la médiatrice de [AC] alors FC = FA, donc FAC est isocèle en F.
d. Il semble que (EC) ⊥ (AF). On peut démontrer cette propriété.

3 **a.**

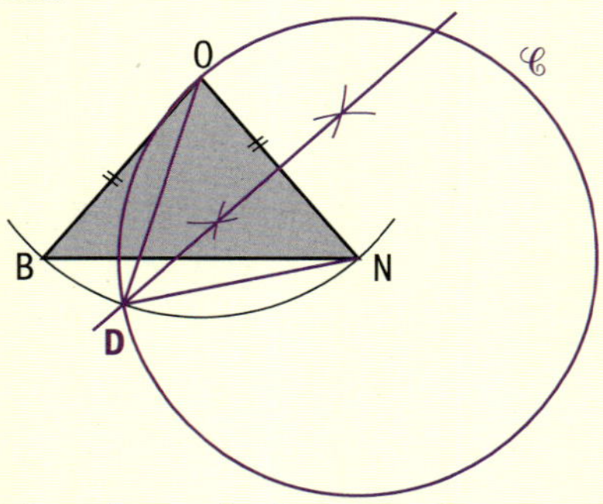

b. D est sur le cercle de centre N passant par O, donc DN = ON. D est sur le cercle de centre O passant par B, donc DO = OB. Mais le triangle OBN est isocèle en O donc OB = ON. Finalement DN = DO.
c. Comme DN = DO, D est équidistant de O et N. Donc D est sur la médiatrice de [ON].
d. Le triangle DON est équilatéral, en effet on a vu que OD = DN = ON.

4 **a.**

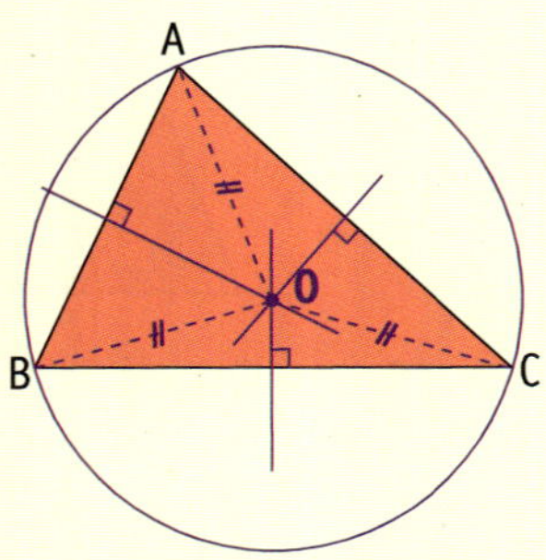

b. O est sur la médiatrice de [AB] donc OA = OB.
O est aussi sur la médiatrice de [BC] donc OB = OC.
c. Donc OA = OB = OC et les points A, B et C sont sur un même cercle de centre O.

d. On trace ainsi ce cercle qui est le « cercle circonscrit » au triangle ABC.

EXPLICATION
Rappel : Tout point de la médiatrice de [AB] est équidistant de A et de B.

5 **a.**

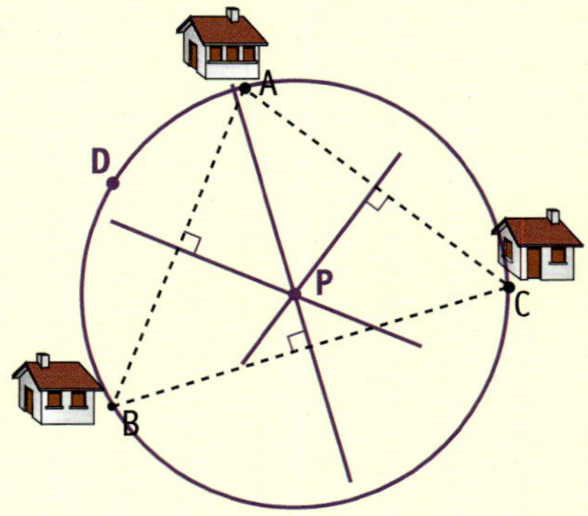

b. On place D sur le cercle circonscrit à ABC.

EXPLICATION
a. P est équidistant de A, B et C donc AP = BP = CP, donc P est le centre du cercle circonscrit à ABC.

17 Construire des symétriques par rapport à un point

INFOS PARENTS
En Sixième, on a construit le symétrique d'une figure par rapport à une droite (symétrie axiale).
En Cinquième, l'étude des symétries se poursuit avec la construction du symétrique d'une figure par rapport à un point (symétrie centrale).

1

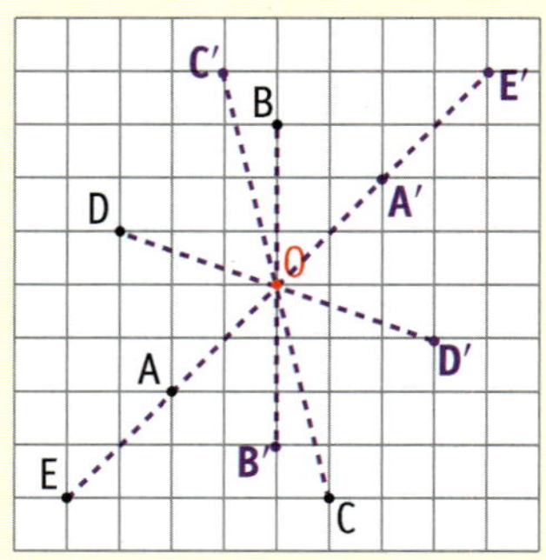

2

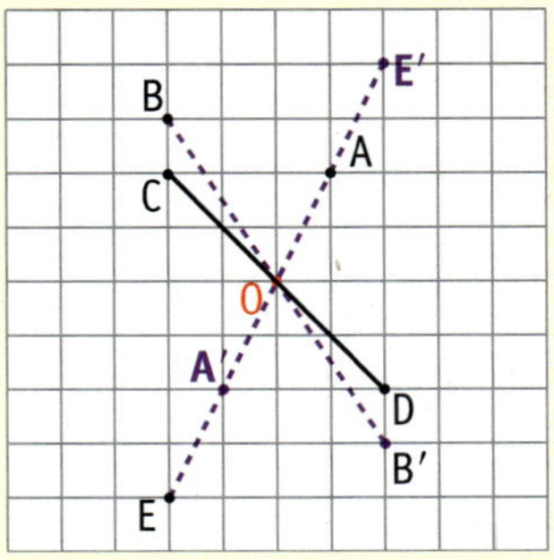

EXPLICATION
Comme O est le milieu de [CD], alors C′ = D et D′ = C.

3

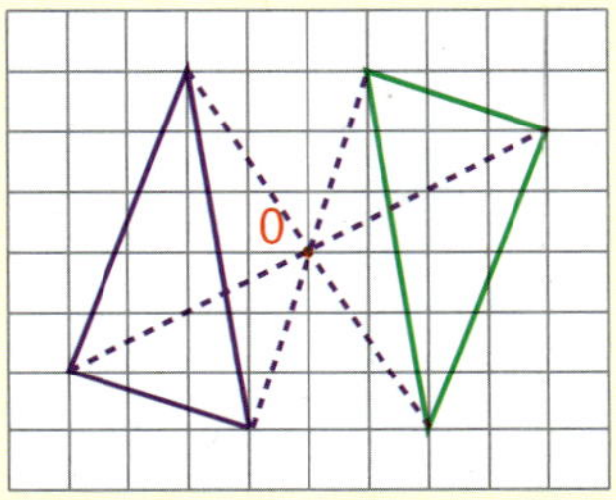

Remarque : Le point O est à l'extérieur des deux triangles qui n'ont alors aucun point en commun.

4

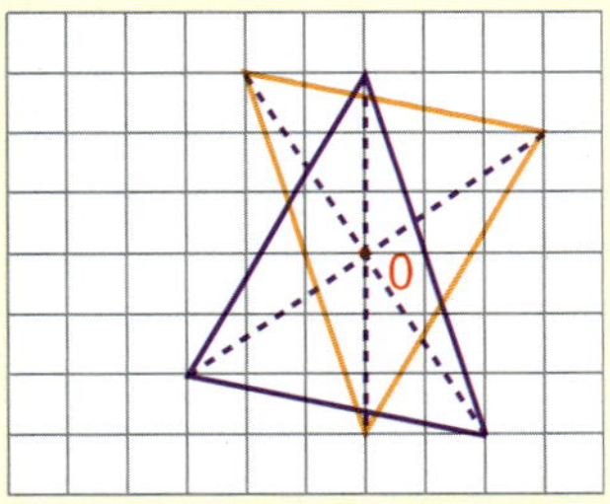

Remarque : le point O est à l'intérieur du triangle qui « chevauche » alors son symétrique.

5 **a.**

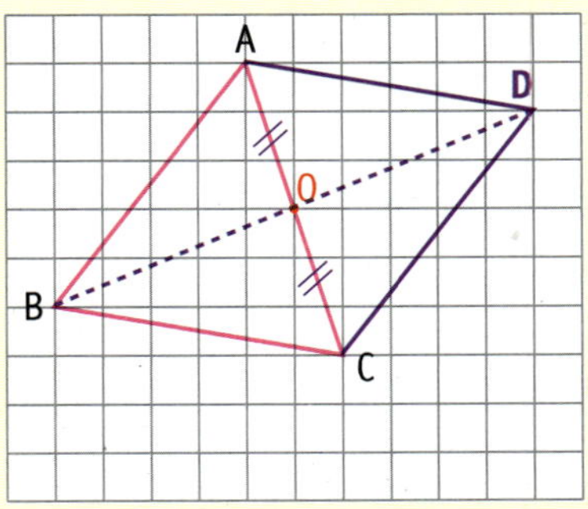

b. Le symétrique par rapport à O :
de A : C de C : A de D : B

c. Le symétrique par rapport à O :
du segment [BC] : [AD] du segment [AB] : [DC]

d. ABCD est alors un parallélogramme.

EXPLICATION
d. Le symétrique d'une droite par rapport à un point est une droite parallèle. Donc les côtés opposés de ABCD sont parallèles, donc ABCD est un parallélogramme.

6 **a.** Pour construire le symétrique T′ de T, on trace la droite (TJ) puis à l'aide du compas on construit T′ tel que : JT′ = JT.

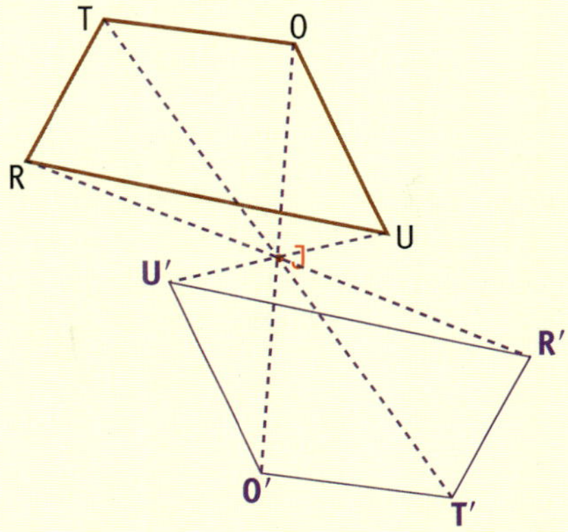

b. Le symétrique d'un segment, par rapport à un point, est un segment de même longueur.
Donc en ajoutant les périmètres de TOUR et T′O′U′R′ on obtient 2 fois le périmètre de TOUR.
Donc, le périmètre de TOUR est $\frac{22,8}{2} = 11,4$ cm.

7

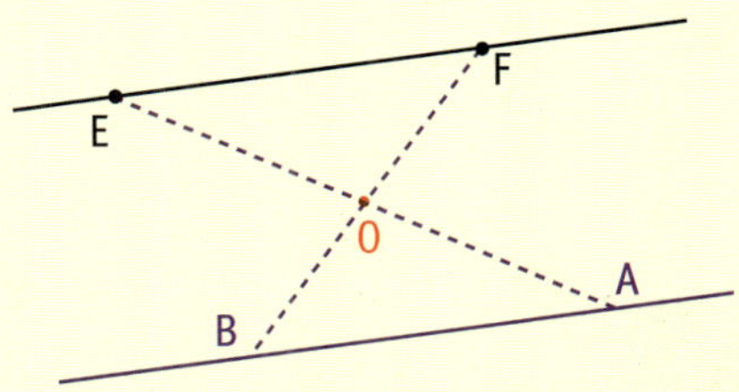

Le symétrique d'une droite, par rapport à un point, est une droite parallèle. Donc (AB) // (EF).

8 **a.** On commence par construire le symétrique du centre puis on trace un cercle de même rayon.

b.

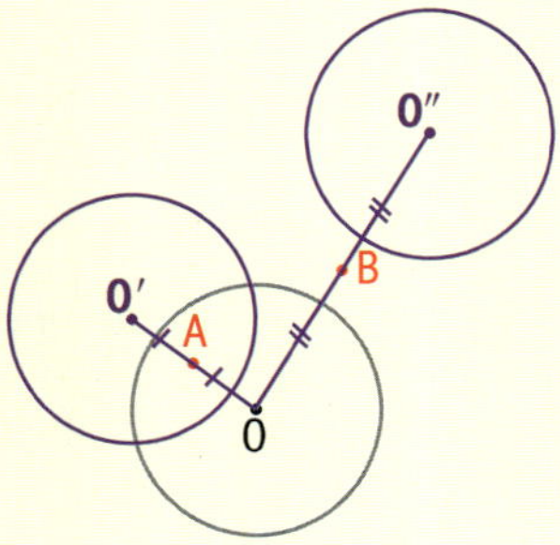

18 Reconnaître des axes et des centres de symétrie

INFOS PARENTS

La présence d'un axe ou d'un centre de symétrie dans une figure permet de justifier facilement certaines des propriétés géométriques de cette figure. C'est pourquoi on apprend ici à reconnaître les éléments de symétrie des objets géométriques usuels.

1 **a.**

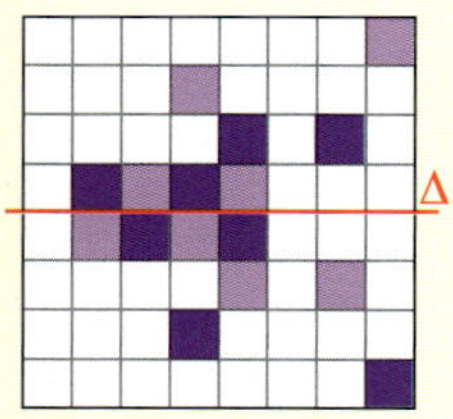

b.

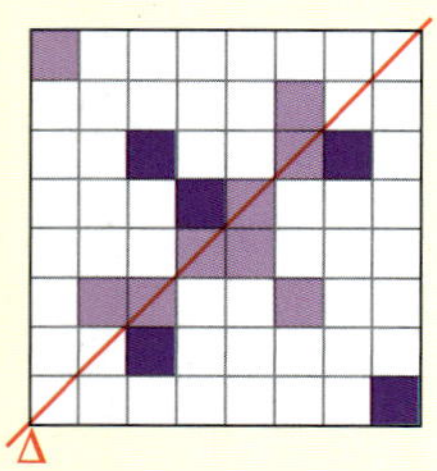

c.

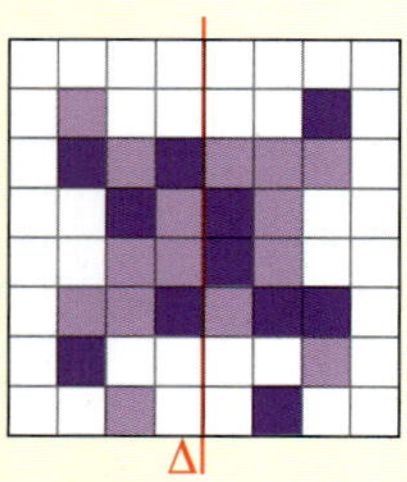

CONSEIL

Pour la symétrie par rapport à la droite Δ, penser au pliage du dessin le long de la droite Δ.

2 **a.**

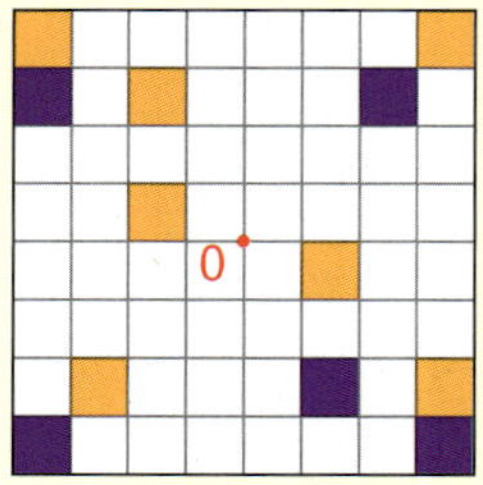

b.

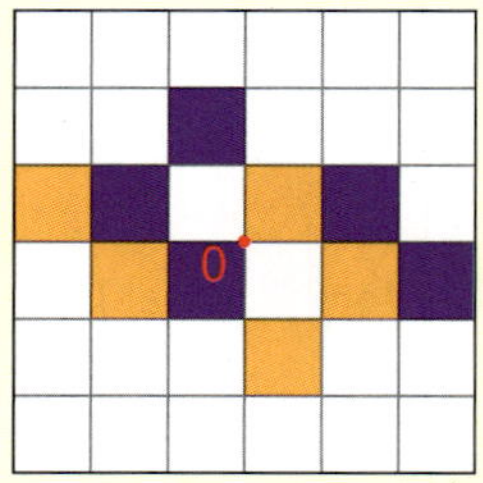

c.

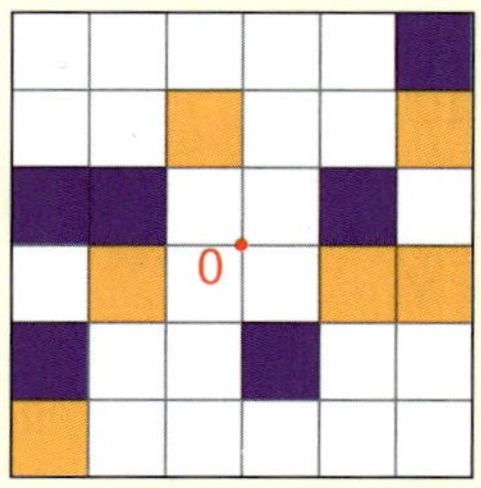

3

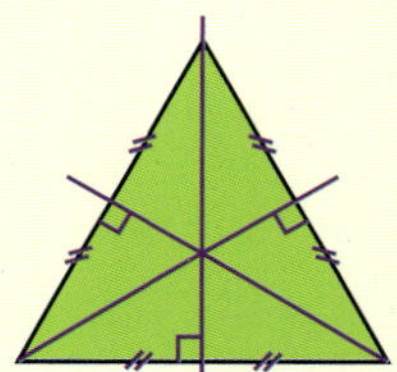

triangle équilatéral

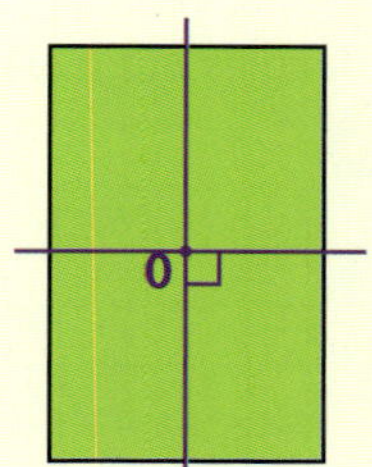

rectangle

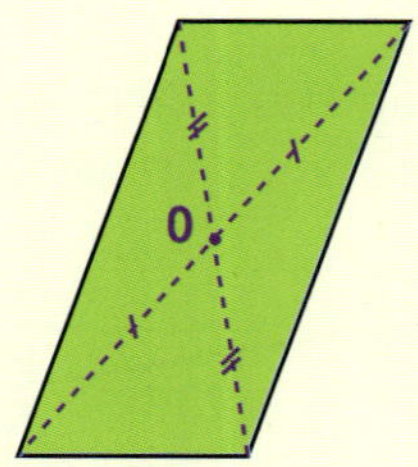

parallélogramme

EXPLICATION

- Pour le triangle équilatéral, trois axes de symétrie.
- Pour le rectangle, deux axes et un centre de symétrie.
- Pour le parallélogramme, un centre de symétrie.

4

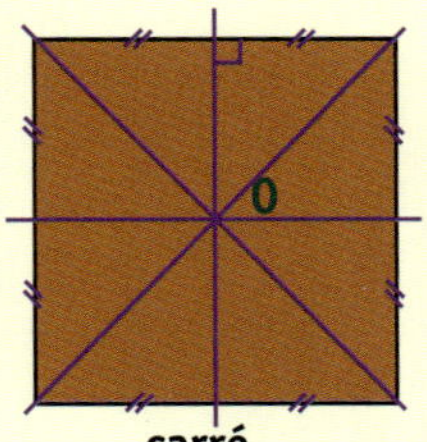

carré

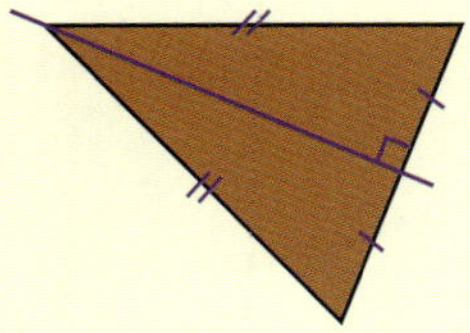

triangle isocèle

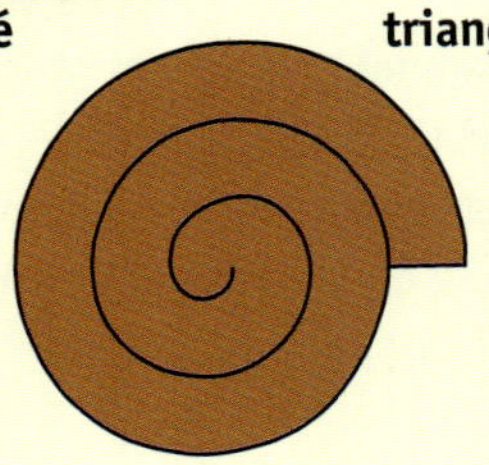

spirale

EXPLICATION

- Pour le carré, quatre axes de symétrie et un centre de symétrie.
- Pour le triangle isocèle, un axe de symétrie.
- Et rien pour la spirale.

5 **a.**

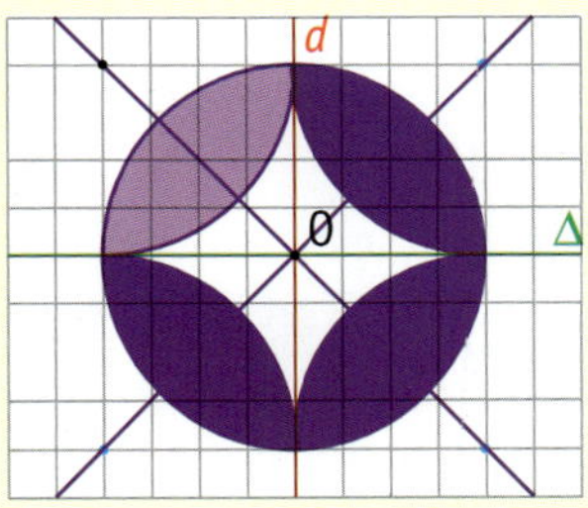

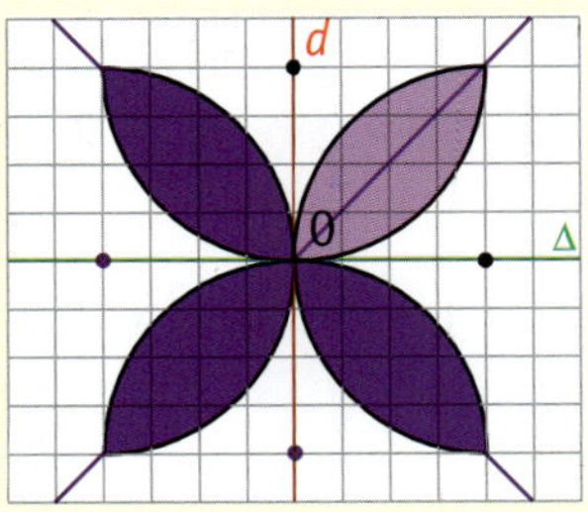

b. Oui, O est un centre de symétrie.
Ces figures admettent deux autres axes de symétrie qui sont les droites obliques inclinées à 45°.

19 Étudier les angles symétriques

INFOS PARENTS

Les symétries permettent de comprendre pourquoi les angles opposés par le sommet, alternes-internes et correspondants ont la même mesure. On apprend ici à utiliser ces notions.

1 **a.**

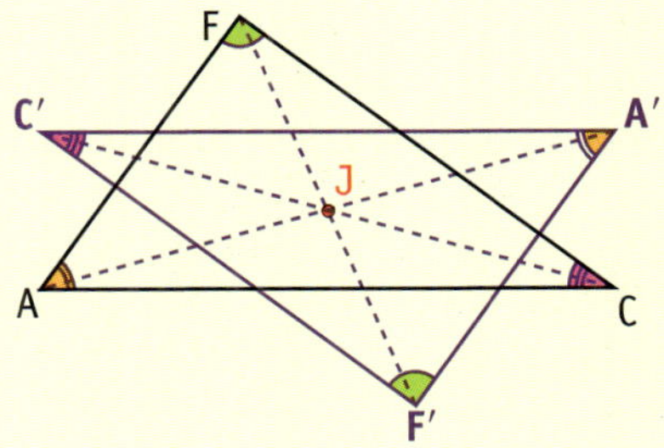

b. Des angles symétriques par rapport à un point ont la même mesure.

2 **a.**

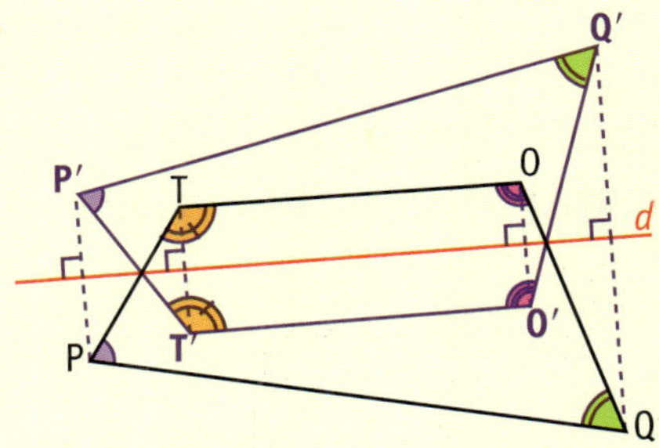

b. Des angles symétriques par rapport à une droite ont la même mesure.

3

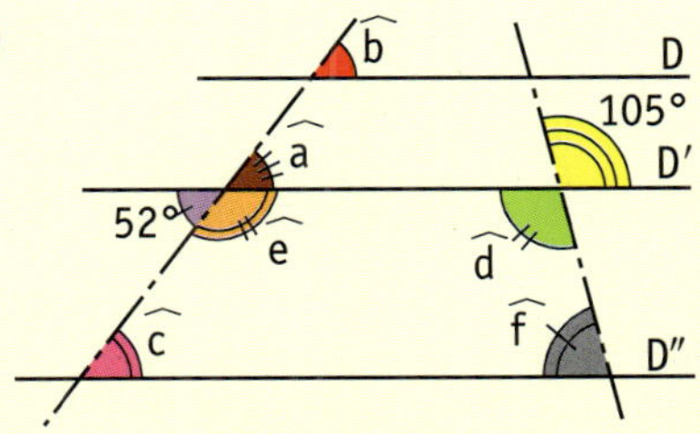

$\widehat{a} = 52°$ (angles opposés par le sommet)
$\widehat{b} = 52°$ ($\widehat{a}$ et $\widehat{b}$: angles correspondants)
$\widehat{c} = 52°$ ($\widehat{a}$ et $\widehat{c}$: angles correspondants)
$\widehat{d} = 105°$ (angles opposés par le sommet)
$\widehat{e} = 180° - 52° = 128°$
$\widehat{f} = 180° - 105° = 75°$ (on calcule la mesure d'un angle correspondant à $\widehat{f}$).

4 L'angle $\widehat{xAy}$ mesure 180° – 118° = 62°.
Les angles correspondants $\widehat{xAy}$ et $\widehat{ABz}$ ont même mesure donc (A*y*) et (B*z*) sont parallèles.

5 **a.**

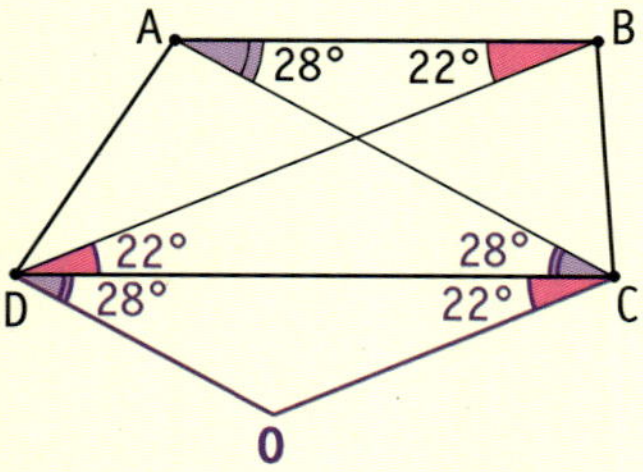

b. Par exemple, on a (AB)//(DC) donc les angles alternes-internes $\widehat{ABD}$ et $\widehat{BDC}$ ont la même mesure 22°. On trouve 3 angles de 22° et 3 angles de 28°.

6 On a Δ // (BC), donc les angles alternes-internes $\widehat{x}$ et $\widehat{B}$ sont égaux, donc $\widehat{x}$ mesure 28°.
Pareillement $\widehat{y}$ et $\widehat{C}$ sont alternes-internes, $\widehat{y}$ mesure donc 62°.

7 **a.** $\widehat{BAC}$ est un angle droit donc $\widehat{x}$ = 90° – 72° = 18°
b. Les angles alternes-internes $\widehat{x}$ et $\widehat{ABD}$ sont égaux. Donc (BD) est parallèle à (AI).

20 Connaître et utiliser les parallélogrammes

INFOS PARENTS

Le parallélogramme est une figure clé en géométrie. On apprend ici à le reconnaître et à utiliser ses propriétés dans différentes configurations géométriques. Ce chapitre est une initiation à la démonstration en géométrie.
On introduit aussi la notion d'angles supplémentaires.

1 ①, ③, ④, ⑤ sont des parallélogrammes.

EXPLICATION
Le quadrilatère
① est aussi un carré ;
④ est aussi un rectangle ;
⑤ est aussi un losange ;
② est un trapèze mais pas un parallélogramme ;
⑥ est un cerf–volant mais pas un parallélogramme.

2 **a.**

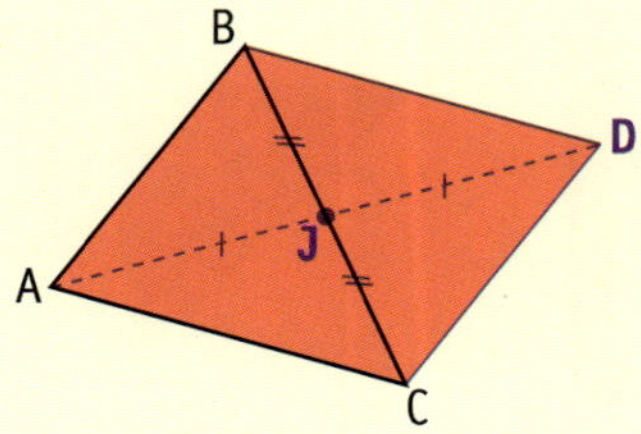

b. ABDC est un parallélogramme et voici pourquoi :
J est le milieu de [BC]. J est aussi le milieu de [AD] car D est le symétrique de A par rapport à J. Les diagonales de ABDC se coupent donc en leur milieu. Donc ABDC est un parallélogramme.

3 **a.** et **b.**

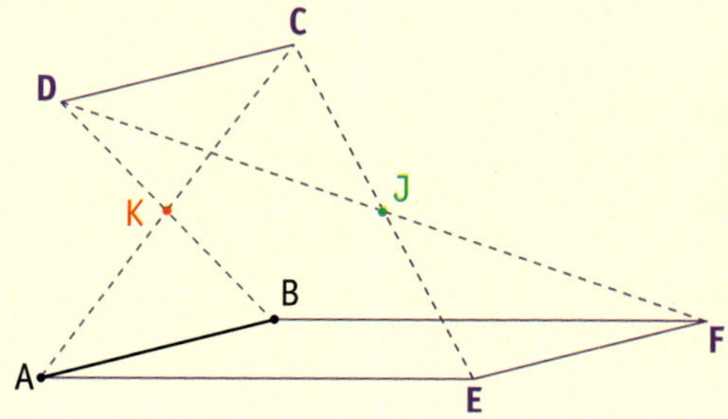

c. [CD] est le symétrique de [AB] par rapport à K, donc AB = DC et (AB) // (DC).

d. Pareillement, [EF] est le symétrique de [DC] par rapport à J, donc DC = EF et (DC) // (EF).

e. ABFE ayant deux côtés opposés parallèles et de même longueur est un parallélogramme.

EXPLICATION
Le symétrique d'un segment [AB] par rapport à un point est un segment parallèle à (AB) et de même longueur que [AB].

4 $\hat{C}$ = 113° (angles opposés du parallélogramme ABCD)

$\hat{B}$ = 67° ($\hat{A}$ et $\hat{B}$ sont consécutifs, donc supplémentaires, donc $\hat{B}$ = 180° – 113° = 67°).

$\hat{D}$ = 67° ($\hat{B}$ et $\hat{D}$ sont deux angles opposés du parallélogramme, donc $\hat{D}$ = $\hat{B}$ = 67°).

5 a.

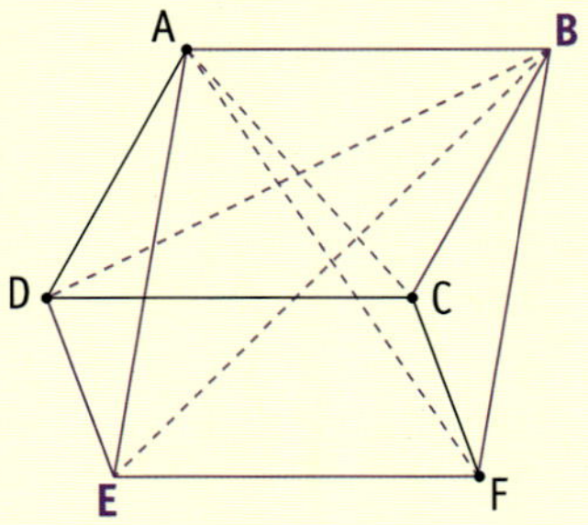

b. Comme ABCD est un parallélogramme alors AB = DC et (AB) // (DC).
De même, CDEF est un parallélogramme, donc DC = EF et (DC) // (EF).
Donc AB = EF et (AB) // (EF).
c. D'après le **b.**, ABFE est un quadrilatère ayant deux côtés opposés parallèles et de même longueur. Donc ABFE est un parallélogramme.
d. Les diagonales [AF] et [BE] du parallélogramme ABFE se coupent en leur milieu.

EXPLICATION
Dans **b.** et **d.** on utilise des propriétés du parallélogramme.

6 [BD] est un diamètre d'un cercle de centre O, alors O est le milieu de [BD].
De même O est le milieu de [AC].
Comme [AC] et [BD] ont le même milieu O, alors le quadrilatère ABCD est un parallélogramme. Or dans un parallélogramme les côtés opposés sont parallèles et de même longueur ; donc AD = BC et (AD) // (BC).

21 Construire des triangles

INFOS PARENTS

Le triangle est l'une des figures de base de la géométrie. On apprend ici à le construire à partir de certains de ses éléments, à l'aide de la règle, du compas et du rapporteur.

L'inégalité triangulaire nous apprend que cette construction n'est pas toujours possible.

On utilise aussi, à cette occasion, la propriété de la somme des angles d'un triangle.

1 a.

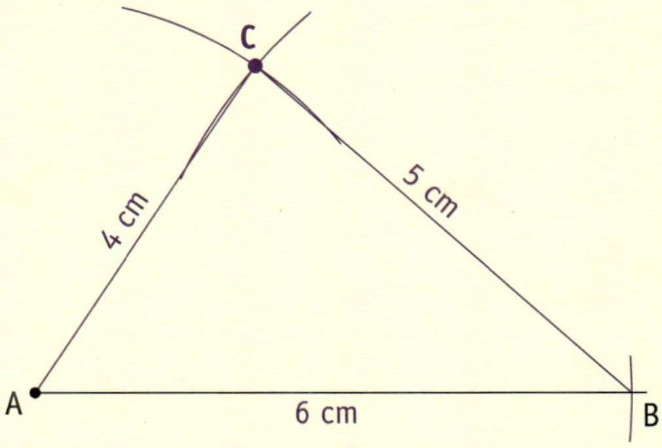

L'arc de cercle de centre A et de rayon 4 cm coupe en C l'arc de cercle de centre B et de rayon 5 cm.
AB + BC + AC = 6 + 5 + 4 = 15 cm.

b. Hélène a raison car AC + BC < AB.

2 Placer d'abord le point F.
Puis tracer l'angle $\widehat{FEG}$ avec le rapporteur.
Placer ensuite le point G et tracer [FG].

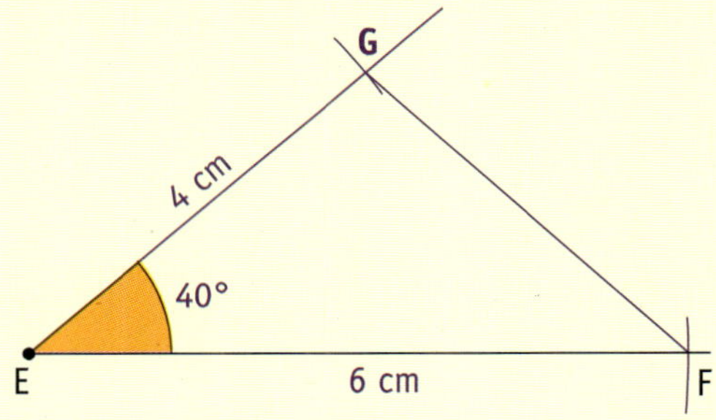

En mesurant on trouve FG ≈ 3,9 cm.
Périmètre ≈ 6 + 4 + 3,9 = 13,9 cm.

3 Placer d'abord le point N puis tracer les angles $\widehat{NML}$ et $\widehat{MNL}$ avec le rapporteur.

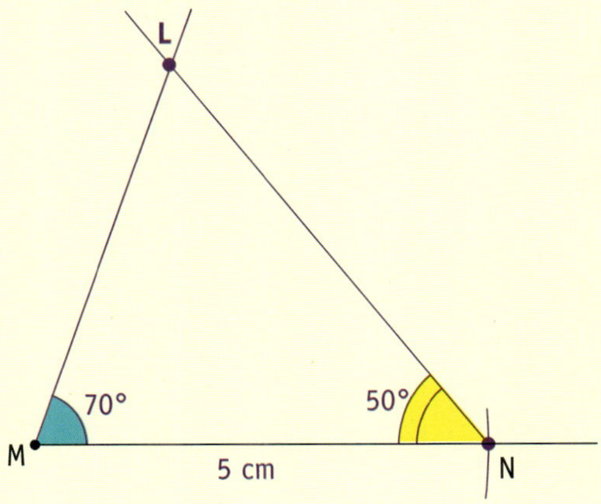

$\widehat{MLN} = 180° - (70° + 50°) = 60°$.

4 Placer d'abord le point Q puis tracer l'angle $\widehat{QPR}$. Tracer ensuite un arc de cercle de centre Q et de rayon 3 cm. On a donc deux solutions QPR_1 et QPR_2.

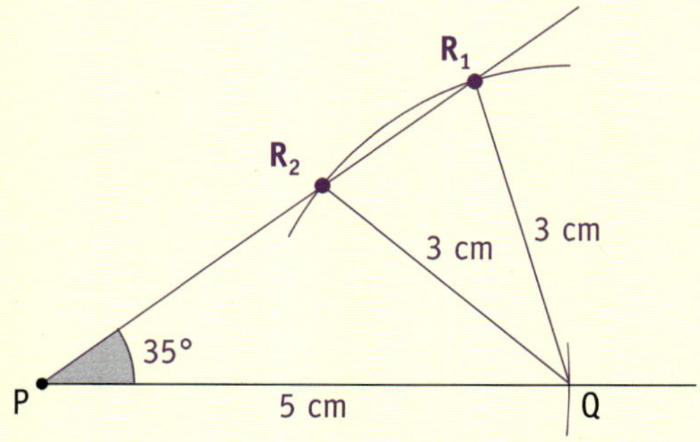

5 L'angle $\hat{X}$ mesure 180° – (60° + 75°) = 45°. On place X puis on construit les angles $\hat{F}$ et $\hat{X}$.

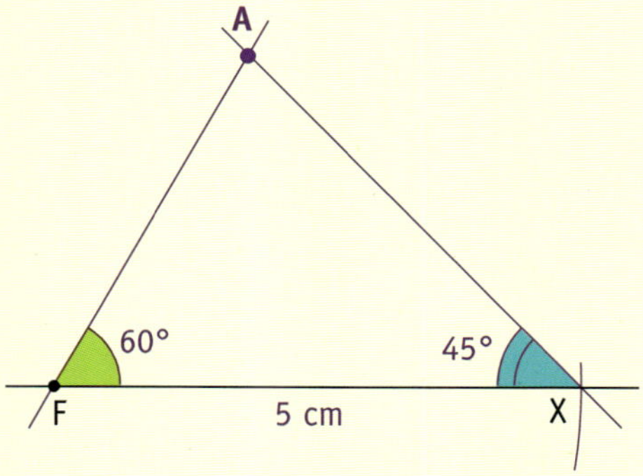

22 Calculer l'aire d'un triangle

INFOS PARENTS

En Sixième, on sait calculer l'aire d'un rectangle et d'un triangle rectangle. En Cinquième, on étudie l'aire d'un triangle, qu'il soit isocèle, rectangle... ou quelconque.

1

CONSEIL
Inutile de faire appel à la calculatrice ici !

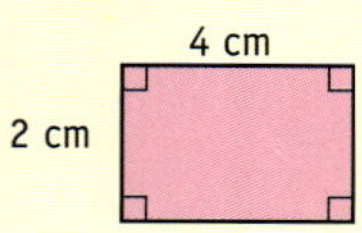

$2 \times 4 = 8$ cm²

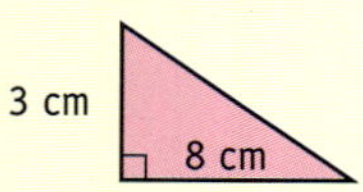

$(3 \times 8) \div 2 = 12$ cm²

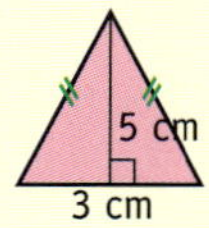

$(3 \times 5) \div 2 = 7{,}5$ cm²

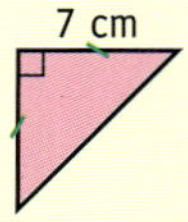

$(7 \times 7) \div 2 = 24{,}5$ cm²

2

	Base	Hauteur	Aire en carreaux
Triangle BAH	4	5	$(4 \times 5) \div 2 = 10$
Triangle rectangle BGH	2	5	$(2 \times 5) \div 2 = 5$
Triangle rectangle isocèle BCD	2	2	$(2 \times 2) \div 2 = 2$
Triangle EDF	2	3	$(2 \times 3) \div 2 = 3$

3 **a.**

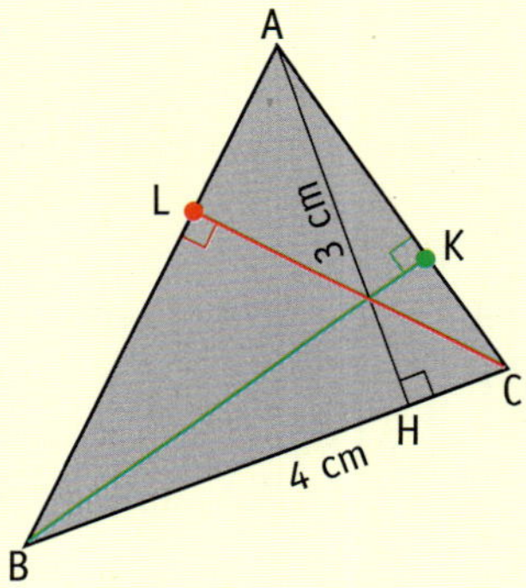

b. L'aire de ABC : $(4 \times 3) \div 2 = 6$ cm²
c. AB ≈ 4,4 cm ; CL ≈ 2,7 cm.
Aire de ABC ≈ $(4{,}4 \times 2{,}7) \div 2$ soit 5,94 cm².
AC ≈ 3,1 cm ; BK ≈ 3,9 cm.
Aire de ABC ≈ $(3{,}1 \times 3{,}9) \div 2$ soit 6,045 cm².
d. On obtient des valeurs très proches de 6 cm². Pour calculer l'aire de ABC on peut choisir l'une quelconque des bases et sa hauteur correspondante.

4 **a.** Aire du triangle TOC.
Aire = (base × hauteur) ÷ 2 = $(3 \times 3) \div 2 = 4{,}5$ carreaux.
b. L'aire du parallélogramme PLAF, c'est 2 fois l'aire de LPA.
Aire de PLAF = $2 \times ((4 \times 5) \div 2) = 2 \times 10 = 20$ carreaux.
c. Aire du quadrilatère BING.
Aire de BIG + Aire de IGN =
$(6 \times 3) \div 2 + (6 \times 1) \div 2 = 12$ carreaux.

EXPLICATION
c. Le quadrilatère BING se décompose en deux triangles dont on peut facilement calculer l'aire.

5 **a.** Si on note h la hauteur issue de A, on a : $(12 \times h) \div 2 = 42$ d'où $12 \times h = 84$ donc $h = 84 \div 12$, soit $h = 7$ cm

b. L'aire du triangle rectangle BLE mesure : $(120 \times 160) \div 2 = 9\ 600$ m^2.

En notant h la hauteur issue de B, l'aire de BLE vaut $(h \times 200) \div 2$. Donc $h \times 100 = 9\ 600$ donc $h = 96$ m.

6 On a $BC \times 4 \div 2 = 12$ donc $BC \times 4 = 24$ donc $BC = 6$ cm.

De même $AC \times 4{,}8 \div 2 = 12$ donc $AC \times 4{,}8 = 24$ donc $AC = 5$.

Or AB = AC, donc le périmètre de ABC mesure : $6 + 2 \times 5 = 16$ cm.

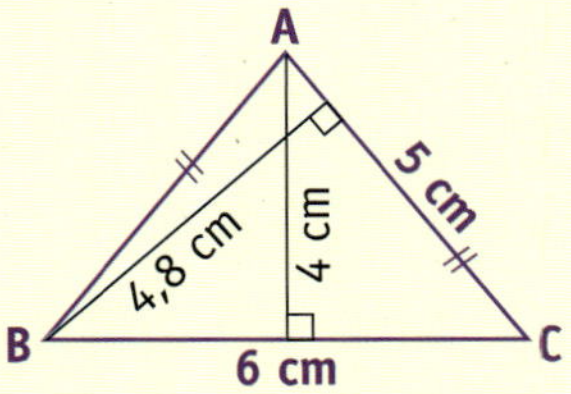

EXPLICATION

D'abord on calcule BC puis ensuite AC.

Comme le triangle est isocèle en A, alors AC = AB et on peut conclure.

23 Calculer le périmètre et l'aire d'un disque

INFOS PARENTS

Le nombre π a été vu en Sixième pour le calcul du périmètre du cercle. Ce nombre apparaît de nouveau en Cinquième pour le calcul de l'aire du disque.

1

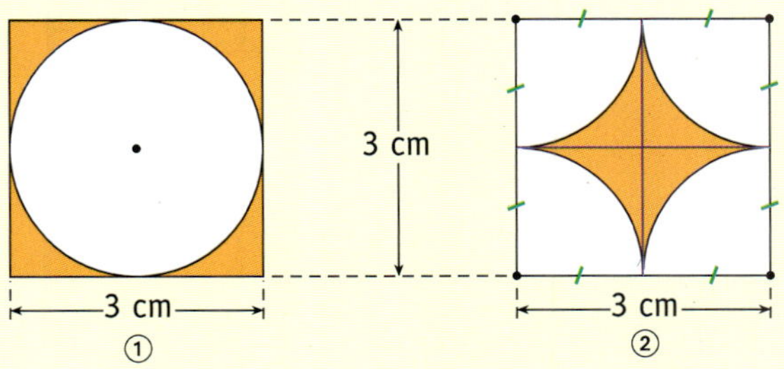

En traçant les 2 médianes du carré de la figure ② on fait apparaître les 4 morceaux coloriés de la figure ①. Les deux aires sont donc égales.

Remarque : On peut, ici, comparer les deux aires sans les calculer.

2 À la 3e ligne du tableau le périmètre mesure 4 m donc le diamètre mesure $4 \div \pi$ soit 1,27 m environ.

Rayon	Diamètre	Périmètre	Aire
4 m	8 m	25,13 m	50,27 m^2
2 m	4 m	12,57 m	12,57 m^2
0,64 m	1,27 m	4 m	1,27 m^2

3 Le cœur est constitué d'un carré d'aire $4 \times 4 = 16$ et d'un disque de rayon 2.

D'où l'aire du cœur : $16 + 4\pi$ soit environ 28,57.

Remarque : Le périmètre du joli cœur est $8 + 4\pi$.

4 Carré : côté = $24 \div 4 = 6$ cm ; aire = $6 \times 6 = 36$ cm^2.

Disque : on a $2 \times \pi \times R = 24$, donc $R = 24 \div (2\pi)$ soit $R \approx 3{,}82$ cm d'où aire = $\pi R^2 \approx 45{,}84$ cm^2.

Rectangle :

largeur = $24 \div 6 = 4$, d'où longueur = $2 \times 4 = 8$ cm

aire = $4 \times 8 = 32$ cm^2.

On constate que :

aire du rectangle < aire du carré < aire du disque.

5

CONSEIL

Il est intéressant de conduire le calcul avec la lettre π jusqu'à ce que l'on trouve la valeur exacte de l'aire de la fleur qui est $11\pi + 16$. Ensuite on trouve une valeur approchée avec la calculatrice.

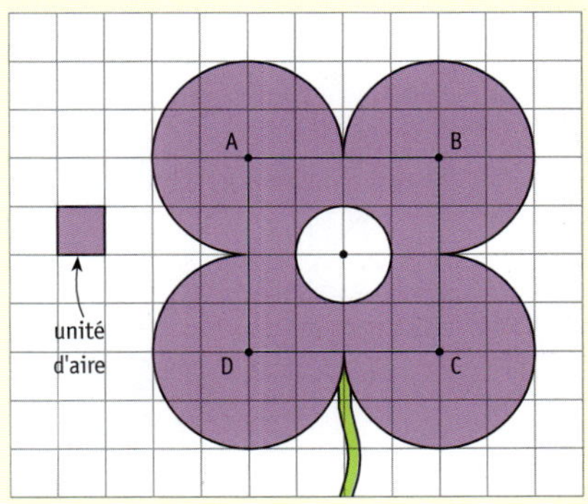

Aire du carré ABCD : $4 \times 4 = 16$

Aire des 4 pétales : aire de 4 fois $\frac{3}{4}$ de disque

$= 4 \times (\pi \times 2 \times 2) \times \frac{3}{4} = 12\pi$

Aire du disque central : $1 \times 1 \times \pi = \pi$

L'aire de la fleur est donc :

$12\pi + 16 - \pi = 11\pi + 16 \approx 50{,}56$.

6

CONSEIL
Il est intéressant de conduire le calcul avec la lettre π jusqu'à ce que l'on trouve la valeur exacte de l'aire de la piscine. Même remarque pour le périmètre.

a. Il y a deux carrés, un demi-disque de rayon 5 m et 1 disque de rayon 5 m. L'aire de la piscine est donc :
$10 \times 10 + 5 \times 5 + 25 \times \pi \div 2 + 25\pi = 125 + 37{,}5\pi$
$\approx 242{,}81$ m^2.

b. Le périmètre mesure : $2 \times 10 + 10 \times \pi \div 2 + 10 \times \pi$
$= 20 + 15\pi$ soit environ 67,12 m.

24 Se repérer dans l'espace

INFOS PARENTS
Un petit tour dans l'espace pour réviser tout d'abord les propriétés du cube et du pavé droit ainsi que leurs représentations.

On poursuit par une initiation au repérage d'un point grâce à ses coordonnées dans un repère (une origine et 3 axes gradués qui s'appuient sur un cube).

1 Un cube a 12 arêtes, donc une arête mesure $84 \div 12 = 7$ cm.
Chaque face du cube est un carré d'arête 7 cm, donc l'aire d'une face est $7 \times 7 = 49$ cm^2. Le cube ayant 6 faces, l'aire totale est : $49 \times 6 = 294$ cm^2.

2

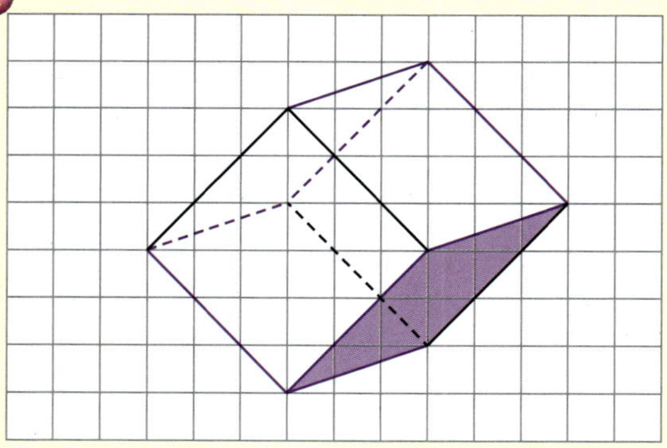

3 Laure a raison car un pavé droit a 6 faces et aussi 12 arêtes.
Jean a pu dessiner, par exemple, une pyramide dont la base a 7 côtés.

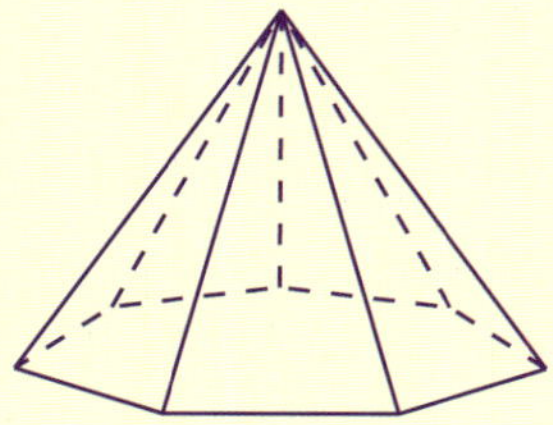

4 Sur le pavé droit on compte 10 faces de cube.
Donc chaque face du cube a pour aire $360 \div 10 = 36$ cm^2.
Donc son arête mesure 6 cm (car $6 \times 6 = 36$).
Comme un cube a 12 arêtes, alors la longueur totale des arêtes est $6 \times 12 = 72$ cm.

5 **a.** A (1 ; 1 ; 1) ; B(2 ; 3 ; 4) ; D(1 ; 1 ; 3) ; E(1 ; 5 ; 1).
b. H(1 ; 0 ; 1) a une coordonnée nulle, R et T aussi ; U(1 ; 0 ; 0) a deux coordonnées nulles, S et C aussi.
c. K(1 ; 3 ; 4)
d. Voir le dessin.

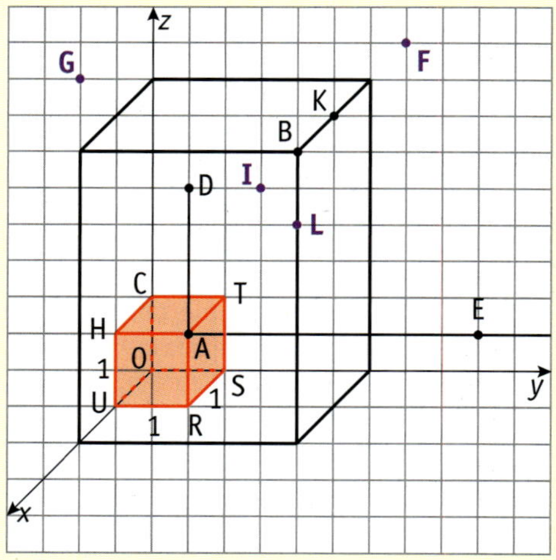

6 **a.** L(2 ; 3 ; 2) ; E(0 ; 0 ; 2) ; F(1 ; 3 ; 2)
b. Voir le dessin.
c. G(1 ; 0 ; 2)
d. Voir le dessin.

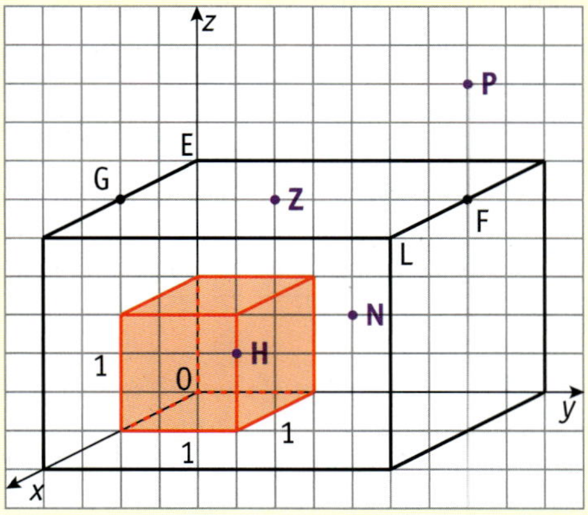

25 Se repérer sur la Terre

INFOS PARENTS
Comment se repérer sur la sphère terrestre ? On se propose ici de détailler la localisation par la longitude et la latitude conformément aux attendus du programme de mathématiques.

1 **a.** N : nord ; E : est ; W : ouest ; S : sud (en anglais, *North*, *East*, *West*, *South*).
b. Sa latitude est : 0°.
c. On connaît sa longitude : 0°.

2 **a.** Athènes (24° E ; 38° N)
b. Voir la figure.

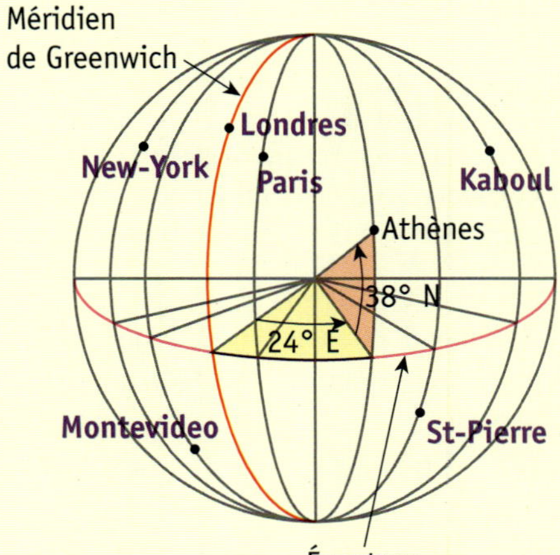

3 Le point O est à l'intersection du méridien passant par Rio et du parallèle passant par Moscou.

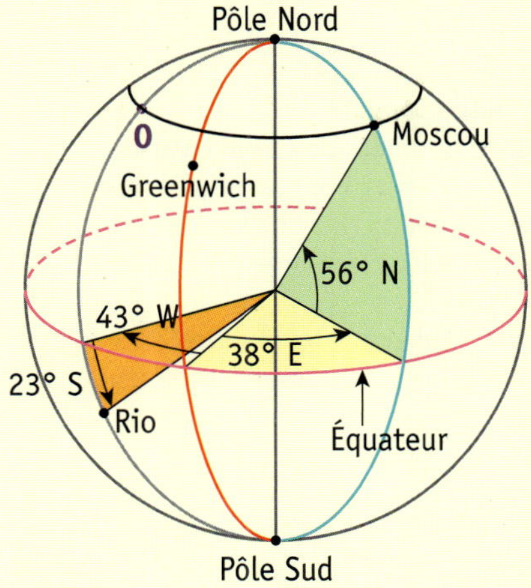

4 **a.** La latitude d'un point est un angle compris entre 0° et 90° suivi de la lettre N ou S.
b. Les points de l'équateur ont pour latitude : 0°.
c. La longitude d'un point est un angle compris entre 0° et 180° suivi de la lettre E ou W.
d. Les points du méridien de Greenwich ont pour longitude : 0°.
e. Les points diamétralement opposés à ceux du méridien de Greenwich ont pour longitude : 180°.

5 A(43° E ; 31° N) ; M(24° W ; 16° S)

6 **a.** $m = 6\ 370 \times \pi \approx 20\ 012$ km.
b. Les deux internautes sont sur le même méridien. L'écart de leurs latitudes est de 59° + 31° = 90°.
Donc un demi-méridien les sépare à vol d'oiseau. Soit 20 012 ÷ 2 = 10 006 km.
c. Les deux voyageurs sont sur l'équateur. L'écart de leurs longitudes est 87° + 93° = 180°.
Donc un demi-équateur les sépare. Soit 20 012 km.

26 Calculer des aires et des volumes

INFOS PARENTS

De nombreux objets de la vie courante ont la forme d'un cylindre ou d'un parallélépipède (boîtes de conserve, rouleaux de rubans adhésifs, citernes, etc.). On apprend ici à évaluer leur volume ou les aires de leurs parois.
On pourra utiliser le formulaire de géométrie situé au début du cahier. De plus, cette séquence donnera l'occasion d'utiliser le logiciel Scratch.

1 **a.** $V = 6 \times 6 \times 6 = 216$ cm^3.
b. Le diamètre du cylindre est 6 cm ; sa hauteur 6 cm. Donc $V' = \pi \times 3 \times 3 \times 6 = 54\,\pi$ d'où V′ vaut environ 169,6 cm^3.

2 Calculons le volume de la piscine :
$V = \pi \times 2{,}5^2 \times 1{,}20 = 7{,}5\,\pi$ soit $V \approx 23{,}55$ m^3.
Donc la réponse est oui.

3 Volume d'un parallélépipède : $L \times l \times h$.
30 cm = 0,30 m.
Volume de la pièce de bois : $(0{,}30)^2 \times 1{,}50$ soit 0,135 m^3.

4 **a.** Volume de la citerne $= 3 \times 4{,}5 \times 5 = 67{,}5$ m^3.
b. L'aire de la base de la citerne est : $3 \times 4{,}5 = 13{,}5$ m^2.
Donc l'eau est montée de $\dfrac{27}{13{,}5} = 2$ m.

5 Aire totale des faces du cube : $6 \times 23^2 = 3\,174$ cm^2.
Aire totale des faces du parallélépipède :
$2 \times (41 \times 19 + 41 \times 13 + 19 \times 13) = 3\,118$ cm^2, c'est la plus petite des deux aires.

6 La surface de tôle est un rectangle de 70 cm sur $2 \times 7{,}5 \times \pi$ soit $15\,\pi$ cm.
D'où son aire : $70 \times 15\,\pi = 1\,050\,\pi$, soit 3 298,7 cm^2 ou 0,33 m^2 environ.

7 L'arête du cube est $45 \div 5$ soit 9 cm.
Le volume du cube est donc 9^3 soit 729 cm^3.

8

Rayon r (en cm)	**Diamètre** (en cm)	**Hauteur h** (en cm)	**Périmètre de base** (en cm)	**Aire de base** (en cm^2)	**Aire latérale** (en cm^2)	**Volume** (en cm^3)
2	4	10	12,6	12,6	125,7	125,7
2,5	5	7	15,7	19,6	110	137,4
1,6	3,2	6	10	8	60	48,25

EXPLICATION
Ici, les calculs ont été effectués avec la valeur de π donnée par la calculatrice.
Pour la 3e ligne, on a : $10 = 2\pi r$ donc $r = 10 \div (2\pi)$, soit $r \approx 1{,}5915 \approx 1{,}6$.
La précision du résultat dépend du nombre de décimales utilisées pour le rayon r et pour π.

9 **a.** Ne pas oublier de créer les variables c et V. Le programme donne le volume du cube.
b. On crée la variable a puis on ajoute les deux lignes :

```
mettre a à 6 * c * c
dire regroupe aire = a pendant 4 secondes
```

c. On crée la variable L et on ajoute les deux lignes :

```
mettre L à 12 * c
dire regroupe long. arêtes = L pendant 4 secondes
```

27 Changer d'unités

INFOS PARENTS

Changer d'unités est fréquent dans la vie courante. On se consacre ici à ces conversions tout en réinvestissant des notions vues antérieurement.

1 **a.** 1,2 dam = 1 200 cm
b. 13,2 mm = 0,132 dm
c. 4 hm = 0,4 km
d. 150 cm^2 = 0,015 m^2
e. 6 000 m^2 = 0,6 hm^2
f. 3 ha = 30 000 m^2
g. 125 g = 0,125 kg
h. 314 cg = 3,14 g
i. 4,3 t = 4 300 kg
j. 13 q = 1 300 kg
k. 100 min = 1 h 40 min
l. 7 200 s = 2 h

2 **a.** 1,5 L = 1 500 cm^3
b. 3 cm^3 = 0,3 cL
c. 0,4 m^3 = 400 dm^3
d. 15 cm^3 = 15 mL
e. 100 hL = 10 m^3
f. 125 cm^3 = 0,125 L
g. 8 dL = 800 cm^3
h. 3,8 dL = 0,38 dm^3
i. 0,5 L = 0,5 dm^3
j. 2 500 L = 2,5 m^3

3 **a.** 42 hL à l'hectare → 4200 L à l'hectare → 42 L sur un are.
b. 60 q à l'hectare → 6 000 kg à l'hectare → 60 kg sur un are.

4 **a.** 700 km en 20 h → 70 km en 2 h → 35 km/h.
b. 825 km en 25 h → $\frac{825}{25}$ km/h = 33 km/h.
c. 730 km en 2 jours → 730 km en 48 h → $\frac{730}{48}$ km/h ≈ 15,2 km/h.

5 1 100 km par heure correspondent à 1 100 km en 3 600 s, soit 1 100 ÷ 3 600 ≈ 0,305 km/s, soit 305 m/s. Donc la réponse est non.

6 **a.** 2 To = 2 000 Go. Donc le disque de 2 To a la plus grande capacité.
b. 32 Go = 32 000 Mo.
c. 36 Go = 36 000 Mo. Donc la première carte a une capacité 2 000 fois plus grande que celle de 18 Mo.

7 13 850 hL en 4 min → 1 385 m^3 en 4 min → 1 385 m^3 en 240 s → $\frac{1\,385}{240}$ m^3/s ≈ 5,77 m^3/s.

8 **a.** Cette voiture consomme 8 litres pour faire 100 km. Donc, avec un litre, elle parcourt
100 ÷ 8 = 12,5 km.
b. Utilisons un tableau de proportionnalité.

15 km	1 L
100 km	x ?

× 6,7

Le coefficient de proportionnalité est :
$c = \frac{100}{15} \approx 6{,}7$.
Donc la consommation est proche de :
1 × 6,7 = 6,7 L pour 100 km.

9 **a.** On écrit les longueurs en dam :
1,5 km = 150 dam.
Puis on remplit un tableau de proportionnalité.

150 dam	900 €
2 dam	x ?

$\times \frac{2}{150}$

Donc, les 2 dam de câble coûtent $900 \times \frac{2}{150} = 12$ €.
b. Même méthode :
4 m = 40 dm et 3 kg = 3 000 g.

40 dm	3 000 g
6 dm	x ?

$\times \frac{6}{40}$

Donc les 6 m de tube pèsent $3\,000 \times \frac{6}{40} = 450$ g.
c. 15 cm^3 sur 10 cm^2 → 1,5 cm^3 sur 1 cm^2
→ 15 000 cm^3 sur 1 m^2, car 1 m^2 = 10 000 cm^2.
Donc, il est tombé 15 L d'eau sur 1 m^2.
1ha = 10 000 m^2. Donc sur un ha il est tombé 15 L × 10 000 = 150 000 L = 150 m^3 d'eau.

28 Découvrir l'algorithmique et la programmation

INFOS PARENTS

L'initiation à la programmation débute en Cinquième par des séquences simples d'opérations. L'élève se familiarise avec la notion de *variable*. Les notions de *boucles* et de *tests conditionnels* seront vues en Quatrième et en Troisième.

L'utilisation du logiciel Scratch sert au mieux les intentions du programme officiel.

1 **a.** Ce programme donne l'aire du carré.
b.

2 Il faut créer 3 variables *A*, *B* et *S*.

```
quand [drapeau] pressé
demander [longueur =] et attendre
mettre [A] à (réponse)
demander [largeur =] et attendre
mettre [B] à (réponse)
mettre [S] à ((A) * (B))
dire (S) pendant (4) secondes
```

3 Sur l'écran, on voit apparaître :
« aire = » suivi de la valeur de cette aire.

4 **a.** Exécution du programme.
b.

```
quand [drapeau] pressé
stylo en position d'écriture
demander [longueur =] et attendre
avancer de (réponse)
tourner ↻ de (90) degrés
avancer de (réponse)
tourner ↻ de (90) degrés
avancer de (réponse)
tourner ↻ de (90) degrés
avancer de (réponse)
```

5

```
quand [drapeau] pressé
effacer tout
stylo en position d'écriture
demander [longueur =] et attendre
mettre [A] à (réponse)
demander [largeur =] et attendre
mettre [B] à (réponse)
avancer de (A)
tourner ↻ de (90) degrés
avancer de (B)
tourner ↻ de (90) degrés
avancer de (A)
tourner ↻ de (90) degrés
avancer de (B)
```

6 **a.** Chaque angle d'un triangle équilatéral mesure 60°.
b. Exécution du programme.
c.

```
quand [drapeau] pressé
effacer tout
stylo en position d'écriture
demander [côté =] et attendre
avancer de (réponse)
tourner ↻ de (120) degrés
avancer de (réponse)
tourner ↻ de (120) degrés
avancer de (réponse)
```

7 Le programme suivant parcourt le circuit ABCADEC.

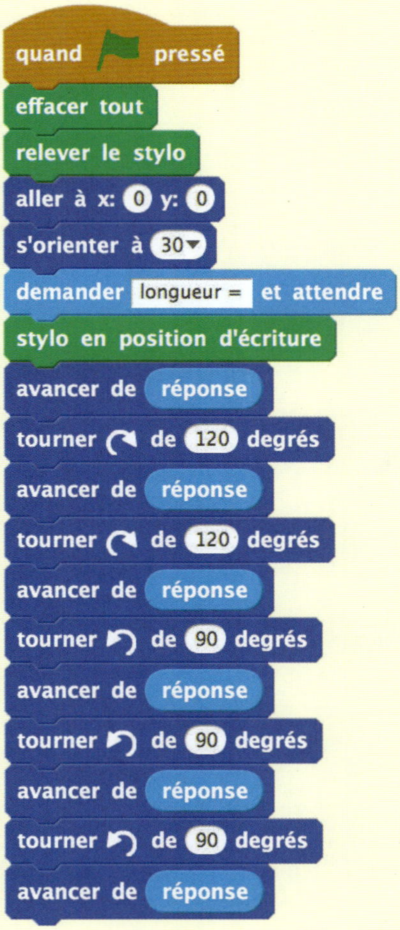

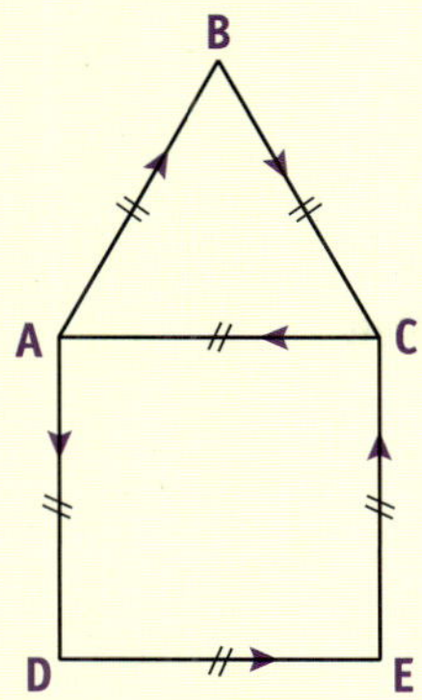

EXPLICATION

S'orienter à 30°, c'est s'orienter dans le sens de la flèche rouge.

Notes

★ 3 Allez les bleus !

Voici les tailles (en cm) de 24 joueurs minimes d'un club de football.

134	136	156	152	146	139	158	140
145	148	138	151	147	148	162	156
141	151	147	160	157	143	153	149

a. Compléter le tableau suivant où l'on regroupe les tailles en 7 classes.

Taille (en cm)	$130 \leqslant T < 135$	$135 \leqslant T < 140$	$140 \leqslant T < 145$	$145 \leqslant T < 150$	$150 \leqslant T < 155$	$155 \leqslant T < 160$	$160 \leqslant T < 165$
Effectif							

b. Construire l'histogramme représentant ce tableau.

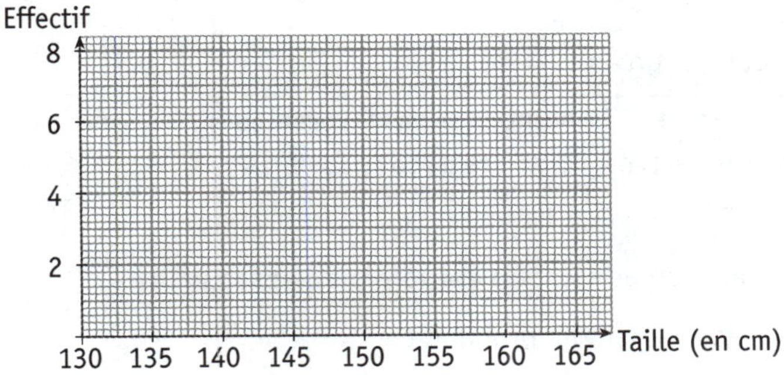

c. À l'aide de la calculatrice, calculer la moyenne des tailles de joueurs :

....

COUP DE POUCE

a. Entre 135 et 140 cm (140 exclu), il y a trois joueurs. L'effectif de la classe « $135 \leqslant T < 140$ » est donc 3.

INFO

Un histogramme est un diagramme en bâtons épais. Chaque bâton a pour base la classe correspondante.

★★ 4 Diagramme circulaire

Voici le « camembert » des cinq sports pratiqués par les 288 adhérents d'un club.

Compléter le tableau suivant en mesurant d'abord les angles sur le dessin.

Arrondir les fréquences à 0,1 % près.

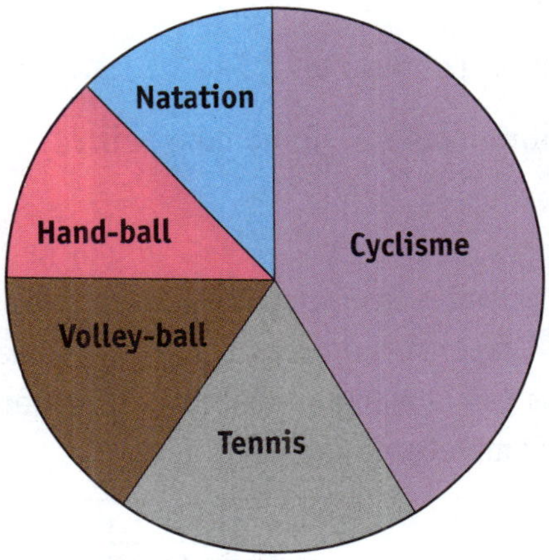

Sport	**Cyclisme**	**Natation**	**Hand-ball**	**Volley-ball**	**Tennis**	**Total**
Degrés						360°
Effectif						288
Fréquence (en %)						100 %

COUP DE POUCE

Prolonge les rayons pour mieux mesurer les angles.
Rappelle-toi que :
$$\text{fréquence} = \frac{\text{effectif}}{\text{effectif total}}.$$

Corrigés p. 14

GESTION DE DONNÉES

15 Mesurer le hasard

Qu'est-ce que la probabilité d'un événement ?

Un premier exemple

Le jeu consiste à jouer à pile ou face avec une pièce.
On a 1 chance sur 2 d'obtenir pile et, bien sûr, 1 chance sur 2 d'obtenir face.
On dit que « La **probabilité** d'obtenir pile est $\frac{1}{2}$ ». Celle d'obtenir face aussi.

Un second exemple

On tire une carte au hasard dans un jeu de 32 cartes.
On a 1 chance sur 32 d'obtenir le roi de cœur. La probabilité d'obtenir le roi de cœur est $\frac{1}{32}$.
On a aussi 4 chances sur 32 d'obtenir un as, c'est-à-dire 1 chance sur 8.
La probabilité d'obtenir un as est donc $\frac{4}{32} = \frac{1}{8}$
On a donc 12,5 % de chance d'obtenir un as.

$$\frac{4}{32} = \frac{\text{nombre d'as}}{\text{nombre de cartes}} = \frac{\text{nombre de cas favorables}}{\text{nombre de cas possibles}}$$

Événement

Dans l'exemple ci-dessus, « Obtenir un as » est un **événement** de probabilité $\frac{1}{8}$.
« Obtenir le roi de cœur » est un événement de probabilité $\frac{1}{32}$
La probabilité d'un événement est comprise entre 0 et 1.

★ 1 Lancer d'un dé

On lance un dé à 6 faces.

a. Quelle est la probabilité d'obtenir un 2 ? ....

b. Quelle est la probabilité d'obtenir un nombre pair ? ....

INFO
En l'absence de précision, on suppose que toutes les faces ont la même probabilité de sortir.

★ 2 L'astragale romain

Pour jouer aux dés, les Romains utilisaient des osselets d'agneau appelés astragales.
Un astragale comporte 4 faces numérotées I, II, III, IV, mais les quatre faces sont différentes et n'ont pas la même probabilité d'apparaître.
On lance un astragale. Compléter le tableau.

Obtenir	I	II	III	IV
Probabilité	$\frac{4}{10}$	$\frac{4}{10}$	$\frac{1}{10}$	...

INFO
La somme des probabilités de tous les cas possibles est égale à 1.

★ 3 Dans l'urne

Dans une urne, on dispose de 2 boules rouges, 4 boules blanches et 1 boule noire.
On prend une boule au hasard. Quelle est la probabilité d'obtenir :

a. une boule blanche ? ....

b. la boule noire ? ....

c. une boule qui n'est pas blanche ? ....

4 Dans ma classe

a. Compléter le tableau suivant.

	Garçons	Filles	Total
Pratiquent l'informatique	6	12	
Ne pratiquent pas l'informatique	4	8	
Total			

b. On choisit un élève au hasard.
On note E_1 l'événement « Choisir une fille qui pratique l'informatique »,
E_2 l'événement « Choisir un garçon »,
et E_3 l'événement « Choisir un élève qui ne pratique pas l'informatique ».

Calculer la probabilité de E_1, puis celle de E_2, puis celle de E_3 ....

....

INFO
Choisir un élève « au hasard » signifie que tous les élèves ont la même probabilité d'être choisis.

5 À la loterie

Dans un carnet de 100 billets de tombola, 1 billet permet de gagner 100 €, 9 autres 10 €, 20 autres 2 €. Les billets restants ne rapportent rien.
On choisit au hasard un billet dans le carnet.

a. Quelle est la probabilité de gagner 10 € ? ....

b. Quelle est la probabilité de ne rien gagner ? ....

6 Taper le carton

On tire une carte au hasard dans un jeu de 32 cartes.

a. Quelle est la probabilité d'obtenir un roi ?

....

b. Quelle est la probabilité d'obtenir un roi ou une reine ?

....

c. Quelle est la probabilité d'obtenir un roi ou un trèfle ?

....

COUP DE POUCE
a. Combien y a-t-il de rois dans un jeu de 32 cartes ?

7 Pile ou face

On jette une pièce deux fois de suite.

a. Compléter le tableau.

2e jet \ 1er jet	Pile	Face
Pile		FP
Face		

b. Quelle est la probabilité d'obtenir :

- 2 fois pile ? ....
- 2 fois face ? ....
- 1 fois pile et 1 fois face ? ....

COUP DE POUCE
b. Lis les réponses dans le tableau.

Corrigés p. 14-15

16 Revoir et construire la médiatrice

Comment construire la médiatrice d'un segment ?

Avec l'équerre et la règle graduée

La médiatrice du segment [AB] est la perpendiculaire à la droite (AB) passant par le milieu de [AB].
D'où la construction ci-contre.

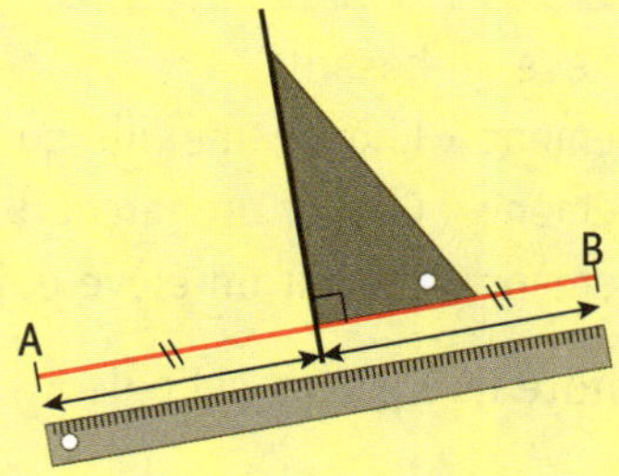

Avec la règle et le compas

La médiatrice de [AB] est l'ensemble des points équidistants de A et de B.
Avec le même écartement de compas, on commence par tracer des arcs de cercle de centre A et B, puis on trace la médiatrice avec la règle.

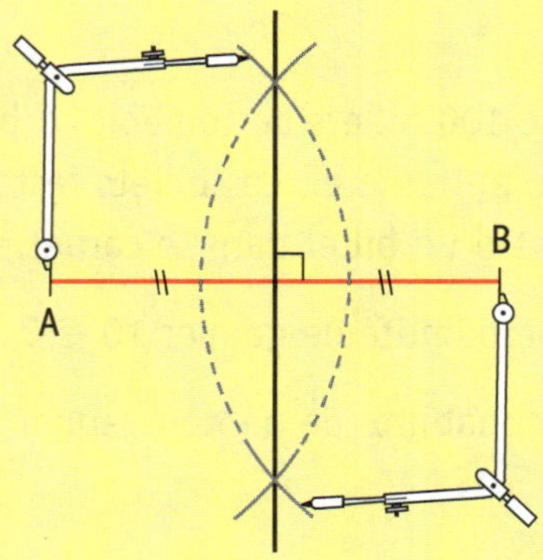

1 Dans un triangle isocèle

Le triangle LMT est isocèle en T.

a. Construire la médiatrice *d* de [LM].

b. Expliquer pourquoi *d* passe par T.

....

c. Compléter la phrase suivante :

La médiatrice *d* est aussi la .... du triangle LMT issue de ....

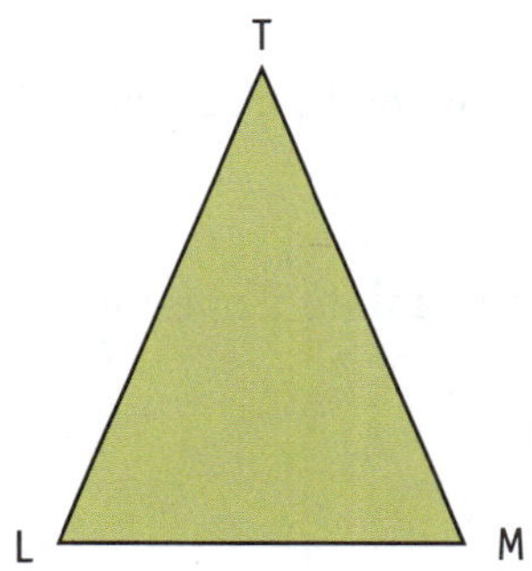

2 Avec un triangle rectangle

Le triangle ABC est rectangle en B.

a. Construire la médiatrice de [AC]. Elle coupe (AB) en E et (BC) en F.

b. Expliquer pourquoi AE = CE.

....

....

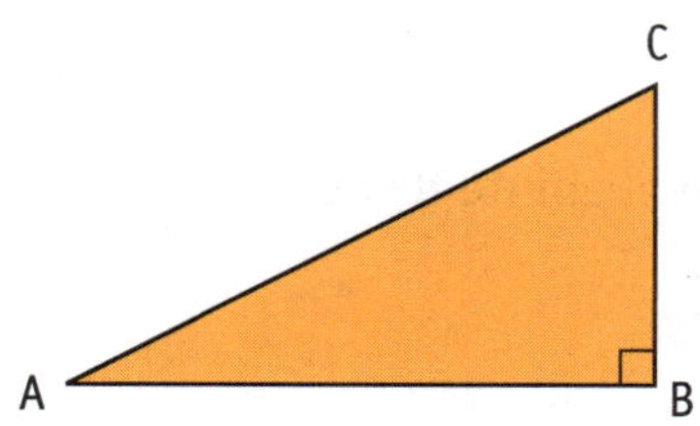

c. Que dire du triangle FAC ?

....

d. Vérifier, à l'aide de l'équerre, que (EC) ⊥ (AF).

★★ 3 **Avec un triangle isocèle**

Le triangle BON est isocèle en O.

a. Tracer le cercle $\mathscr{C}$ de centre N et passant par O.
Tracer l'arc de cercle de centre O passant par B qui coupe le cercle $\mathscr{C}$ en D sous la droite (BN).

b. Démontrer que DN = ON, puis que DN = DO.

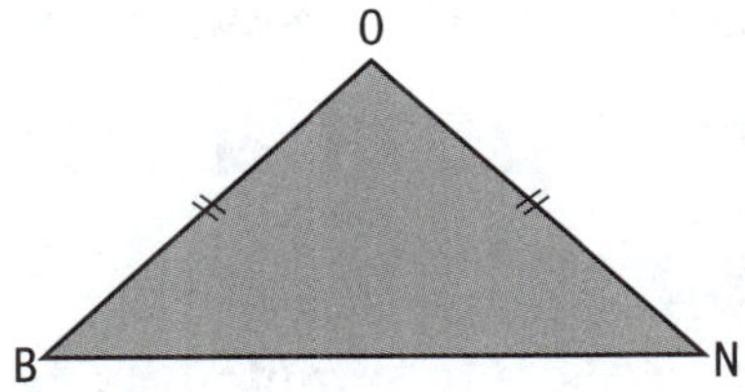

....

c. Construire la médiatrice du segment [ON]. Expliquer pourquoi elle passe par D.

....

....

d. Que dire du triangle DON ? ....

★ 4 **Une démonstration**

a. Construire les trois médiatrices du triangle ABC.
Elles se coupent en O.

b. Expliquer pourquoi OA = OB.

....

Et pourquoi OB = OC.

....

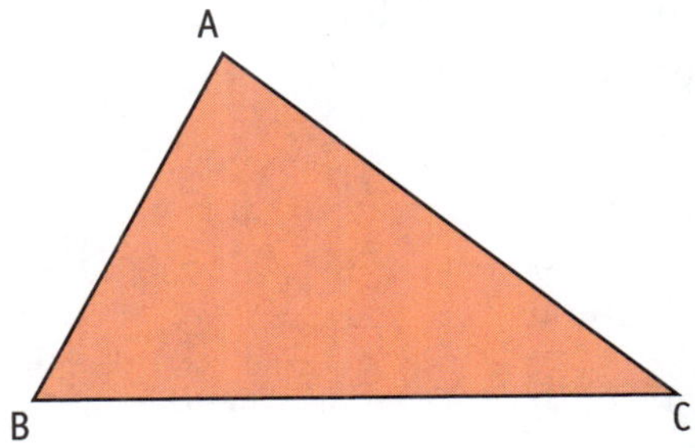

c. Donc OA = ... = ...

et les points A, B et C sont sur un même cercle de centre ....

d. Tracer finalement le cercle de centre O passant par A, B et C.

INFO
d. On dit que ce cercle est circonscrit au triangle ABC.

★★ 5 **Le puits**

Trois voisins habitant en A, B et C veulent forer un puits situé à égale distance des trois maisons.

a. Construire le point P où sera foré le puits.

b. Placer une quatrième maison en un point D situé à la même distance du puits que les trois autres maisons.

COUP DE POUCE
Pour le **b.**, il y a plusieurs solutions.

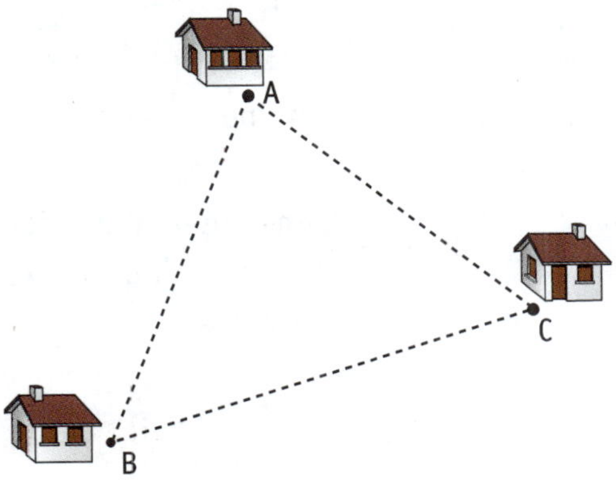

Corrigés p. 15-16

GÉOMÉTRIE ET MESURES

17 Construire des symétriques par rapport à un point

Que signifie : « A′ est le symétrique de A par rapport à O » ?

- A′ est le symétrique de A par rapport à O si **O est le milieu de [AA′]**.
- Seul le point O est symétrique de lui-même.

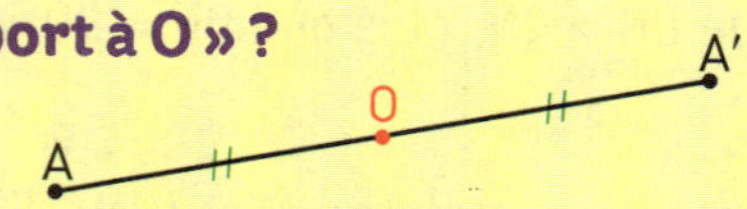

On dit aussi que A et A′ sont symétriques par rapport à O.

★ 1 Symétriques de points (1)

Marquer en couleur les symétriques A′, B′, C′, D′ et E′ des points A, B, C, D et E par rapport au point O.

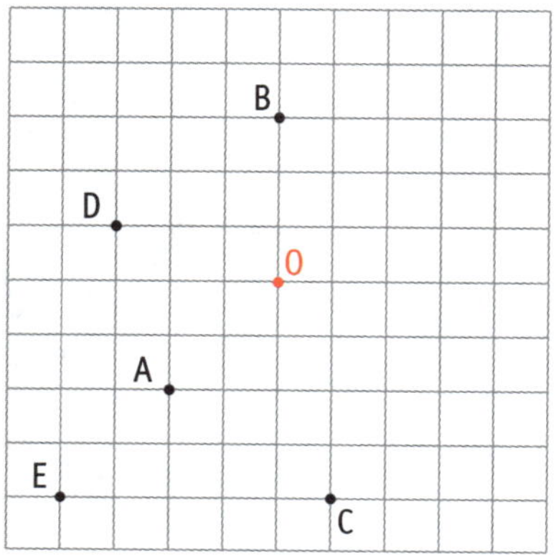

★ 2 Symétriques de points (2)

Même travail qu'à l'exercice précédent.

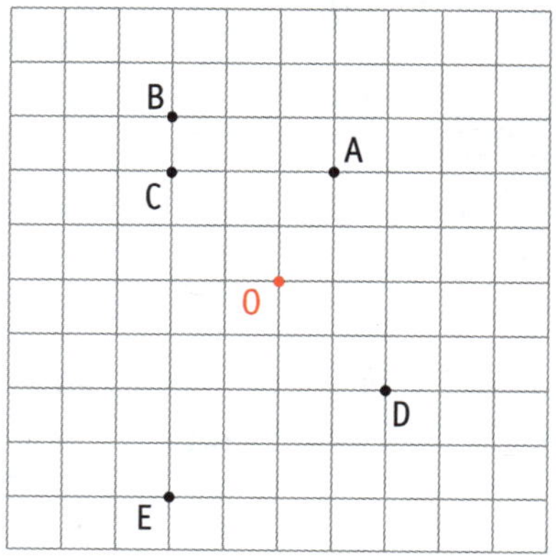

COUP DE POUCE
Compte les carreaux pour construire les symétriques sur les quadrillages.

Quelles sont les propriétés utiles ?

- Le symétrique d'une droite *d* par rapport à O est une droite **parallèle** à *d*.
- Le symétrique par rapport à O d'un segment [AB] est un segment [A′B′] de **même longueur**.
- Le symétrique d'un cercle par rapport à O est un cercle de **même rayon**. Les centres sont symétriques par rapport à O.

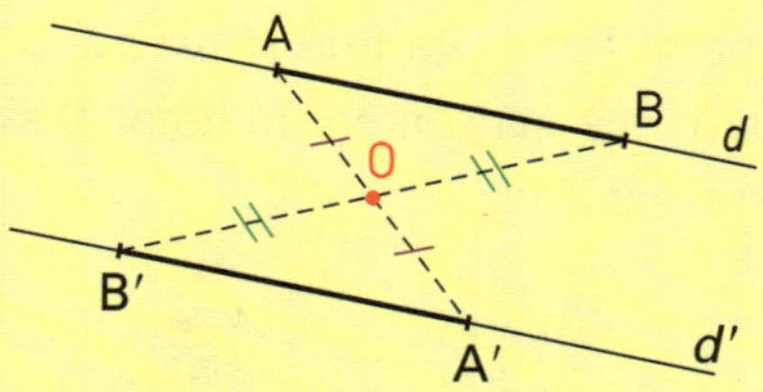

★ 3 Symétrique d'un triangle (1)

Construire le symétrique du triangle par rapport au point O.

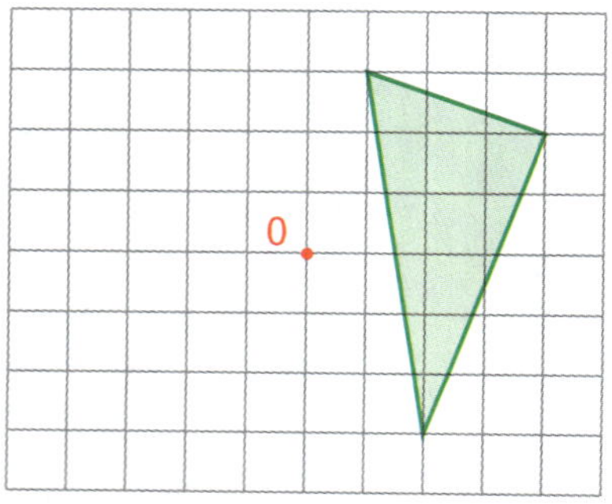

★ 4 Symétrique d'un triangle (2)

Même travail qu'à l'exercice précédent.

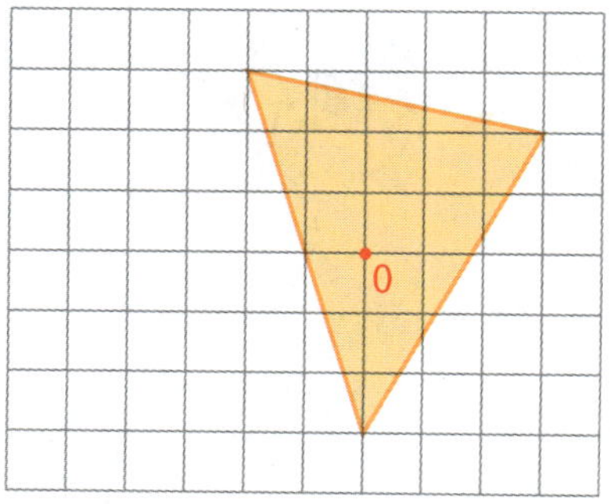

5 Symétrique d'un triangle (3)

O est le milieu de [AC].

a. Construire D le symétrique de B par rapport à O.

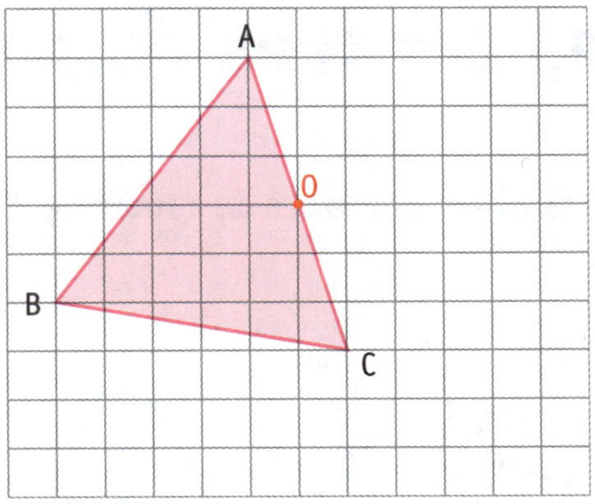

b. Quel est le symétrique par rapport à O :

- de A ? ......
- de C ? ......
- de D ? ......

c. Quel est le symétrique par rapport à O

- du segment [BC] ? ......
- du segment [AB] ? ......

d. Que dire du quadrilatère ABCD ? ....

6 Le TOUR

a. Construire le symétrique T′O′U′R′ du quadrilatère TOUR, par rapport au point J.

b. En ajoutant les périmètres de TOUR et de T′O′U′R′ on obtient 22,8 cm.
Quel est le périmètre de TOUR ?

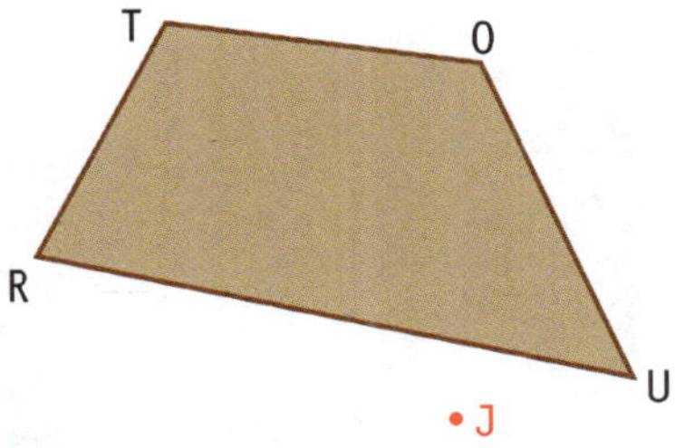

....

....

COUP DE POUCE
a. À l'aide de la règle et du compas commence par construire T′ tel que J soit le milieu de [TT′].

7 Symétrique d'une droite

Construire le point A symétrique de E par rapport à O, puis le point B symétrique de F par rapport à O.
Que dire des droites (AB) et (EF) ?

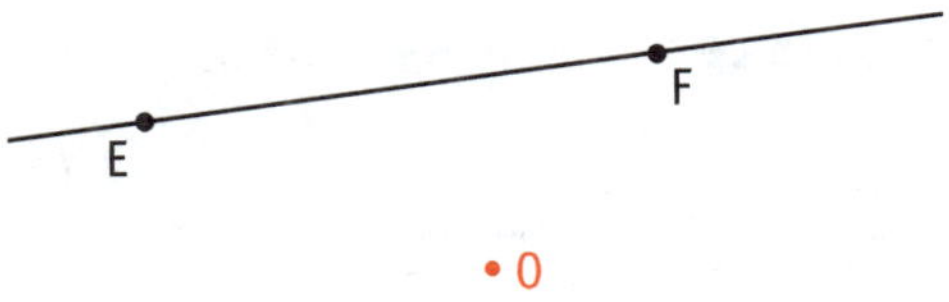

....

....

8 Symétriques d'un cercle

a. Construire le symétrique du cercle par rapport au point A.

b. Même travail avec le point B.

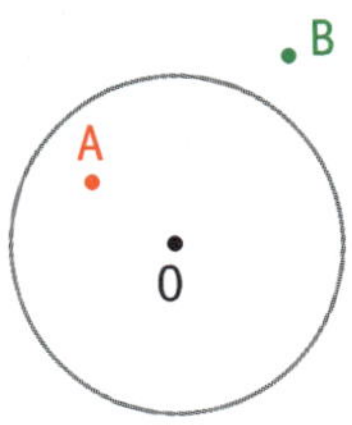

Corrigés p. 16-18

18 Reconnaître des axes et des centres de symétrie

Quels sont les éventuels axes de symétrie d'une figure ?

- *Exemples :*

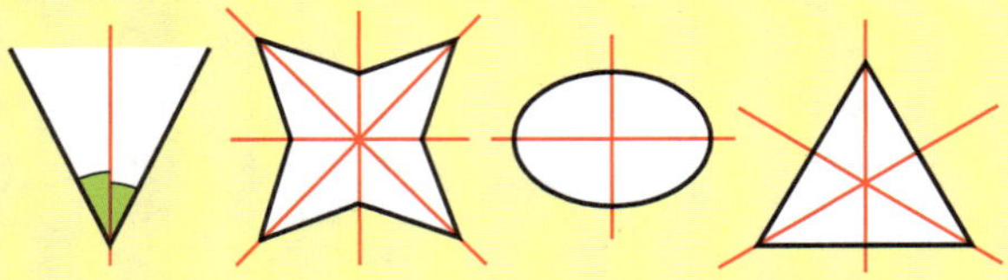

1 axe   4 axes   2 axes   3 axes

- *Contre-exemples :*

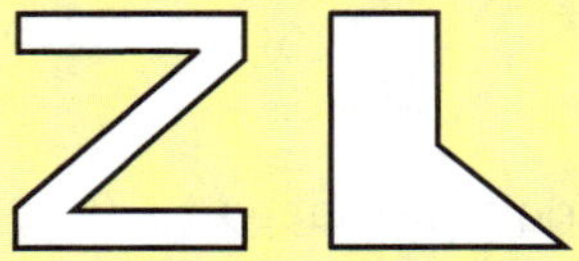

aucun axe de symétrie

★ 1 Mal axé

Colorier un minimum d'autres cases pour que ces figures soient symétriques par rapport à la droite Δ.

a.

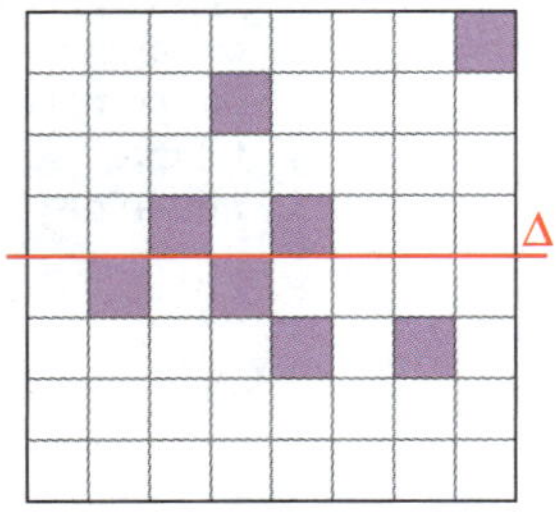

b.

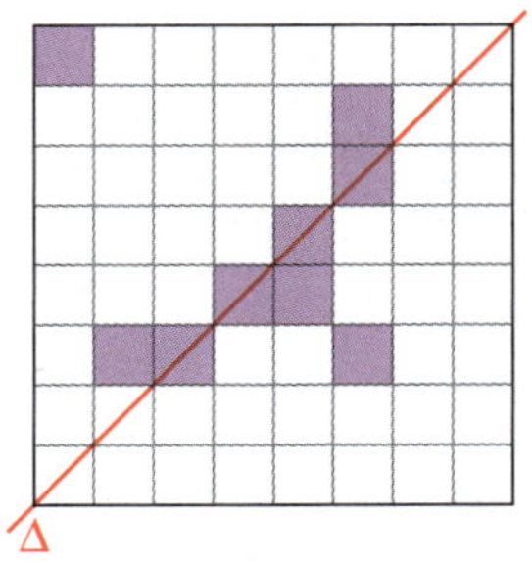

c.

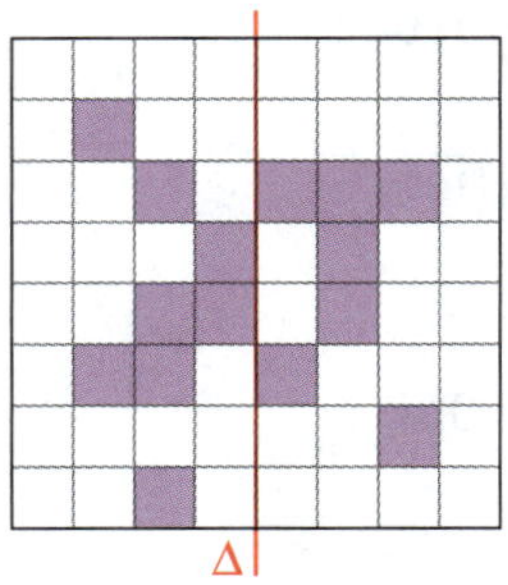

INFO

Δ est une lettre grecque qui se lit « delta ».
Rappel :

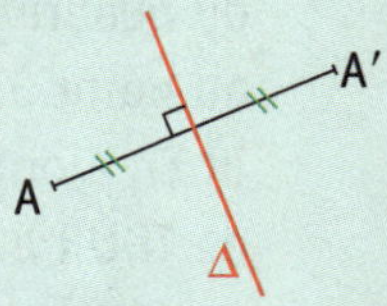

A et A′ sont symétriques par rapport à Δ, car Δ est la médiatrice de [AA′].

Quels sont les éventuels centres de symétrie d'une figure ?

- *Exemples :*

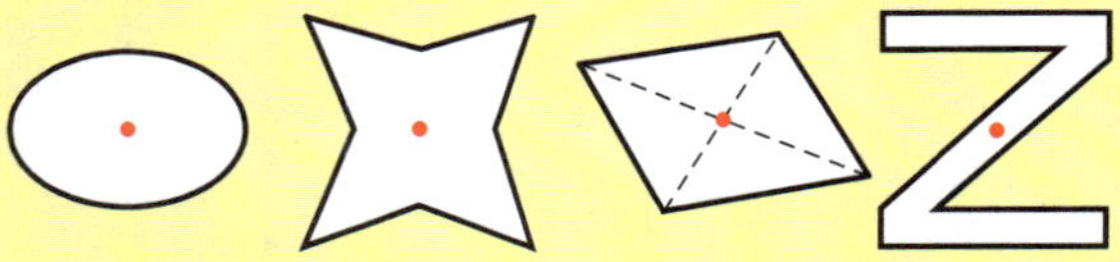

- *Contre-exemples :*

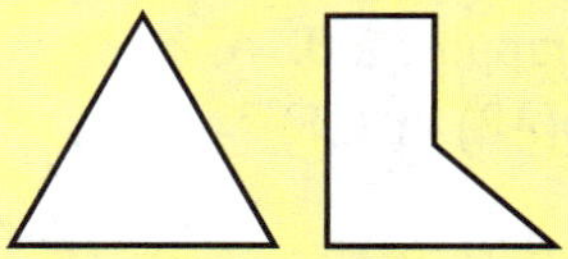

pas de centre de symétrie

★ 2 Mal centré

Colorier un minimum d'autres cases pour que O soit centre de symétrie de ces figures.

a.

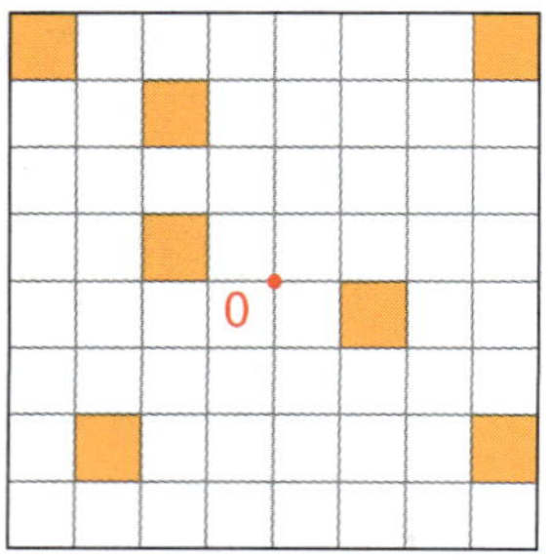

b.

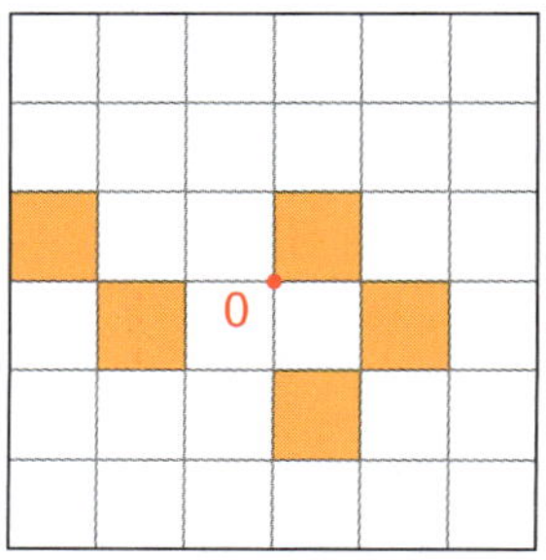

c.

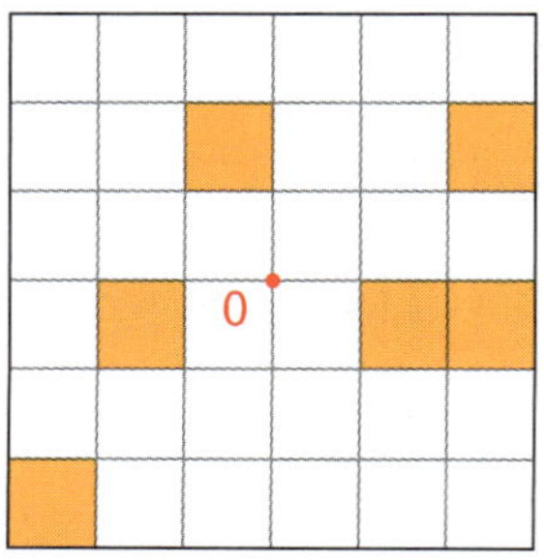

3 Objets géométriques (1)

Sur chaque dessin, tracer les axes et centres de symétrie (s'ils existent !).

triangle équilatéral **rectangle** **parallélogramme**

> **COUP DE POUCE**
> Tu peux utiliser l'équerre, la règle ou le compas.

4 Objets géométriques (2)

Même travail qu'à l'exercice précédent.

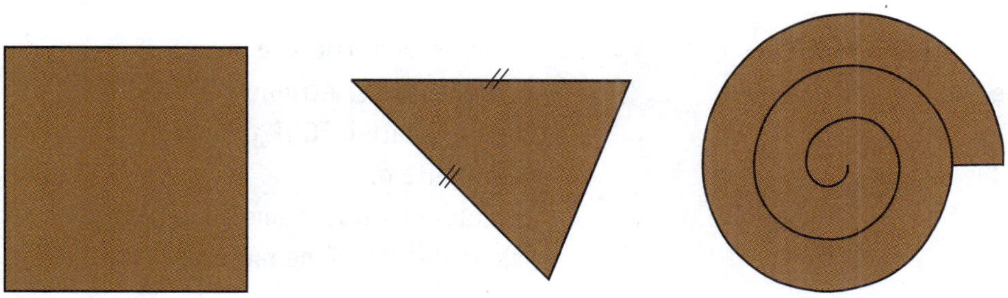

carré **triangle isocèle** **spirale**

5 Rosace et fleur

Dans chaque cas, la figure possède deux axes de symétrie d et Δ.
Seule une partie de la figure a été dessinée.

a. Compléter les deux dessins à l'aide du compas.

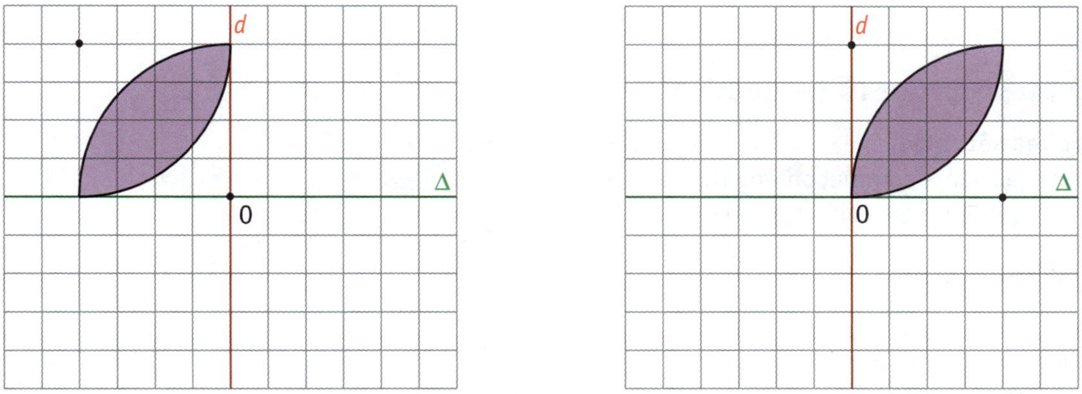

> **COUP DE POUCE**
> Commence par placer les symétriques des centres des arcs de cercle.

b. Ces figures admettent-elles un centre de symétrie ? ....

Si oui, lequel ? ....

Admettent-elles d'autres axes de symétrie ? ....

Si oui, les tracer.

Corrigés p. 18-19

19 Étudier les angles symétriques

Qu'est-ce que le symétrique d'un angle ?

Par rapport à une droite

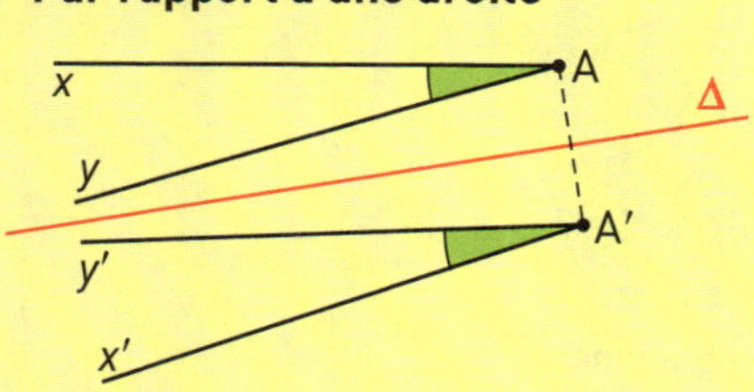

Par rapport à un point

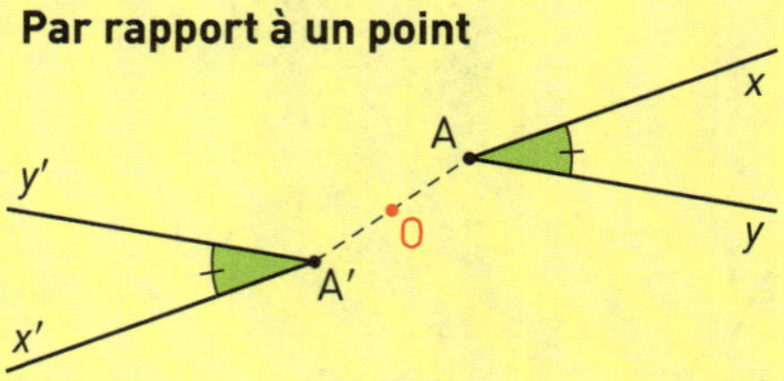

Propriété

Deux angles symétriques par rapport à une droite ou à un point ont la même mesure.

★ 1 Avec un triangle

a. Tracer le symétrique F'A'C' du triangle FAC par rapport au point J.

b. Noter sur le dessin les angles de même mesure.

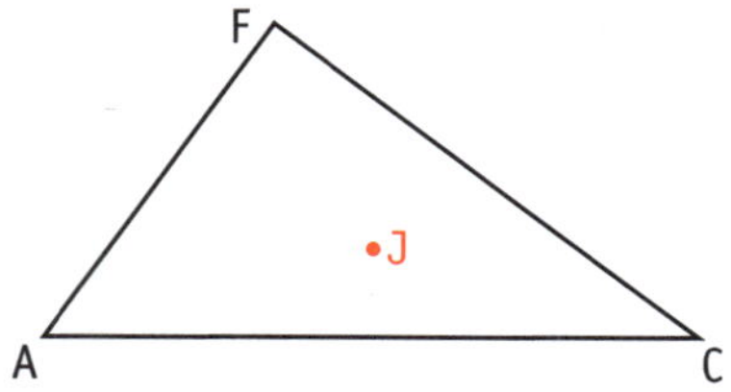

★ 2 Avec un quadrilatère

a. Tracer le symétrique T'O'Q'P' du quadrilatère TOQP par rapport à la droite *d*.

b. Colorier d'une même couleur les angles de même mesure.

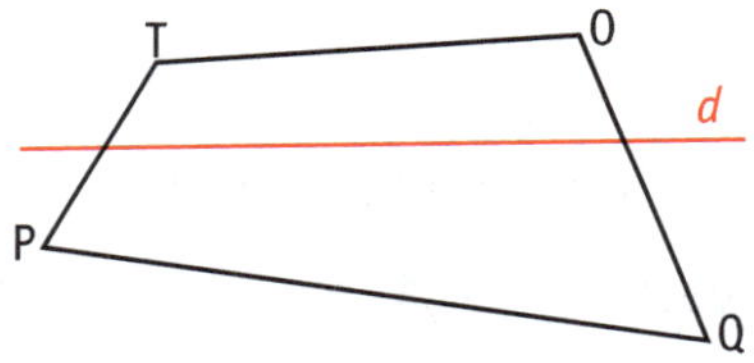

INFO

Exercice 2. Rappel :

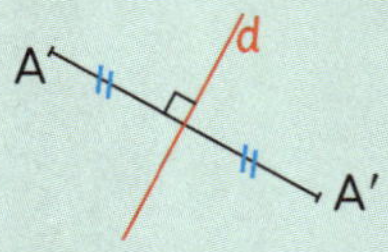

A et A' sont symétriques par rapport à *d*.

Quelles sont les propriétés à connaître ?

Angles et droites sécantes

Les angles **opposés par le sommet** ont même mesure. (En effet, ils sont symétriques par rapport à J.)

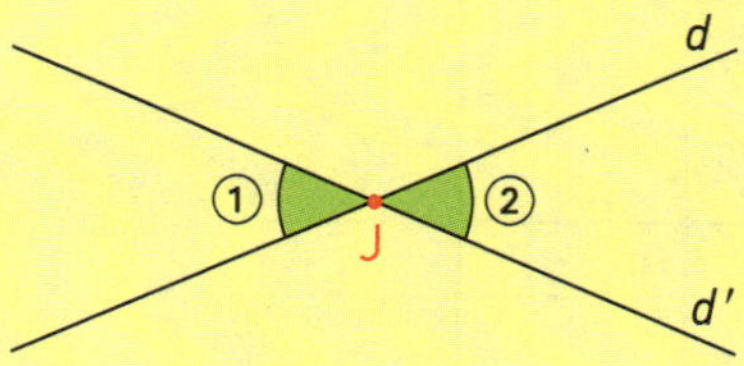

Angles et droites parallèles

Propriétés

- Si les droites *d* et *d'* sont parallèles alors :
  – les angles **alternes internes** ② et ③ ont même mesure ;
  – les angles **correspondants** ① et ④ ont même mesure.

Réciproques

- Si les angles **alternes internes** ② et ③ ont même mesure alors les droites *d* et *d'* sont parallèles.
- Si les angles **correspondants** ① et ④ ont même mesure alors les droites *d* et *d'* sont parallèles.

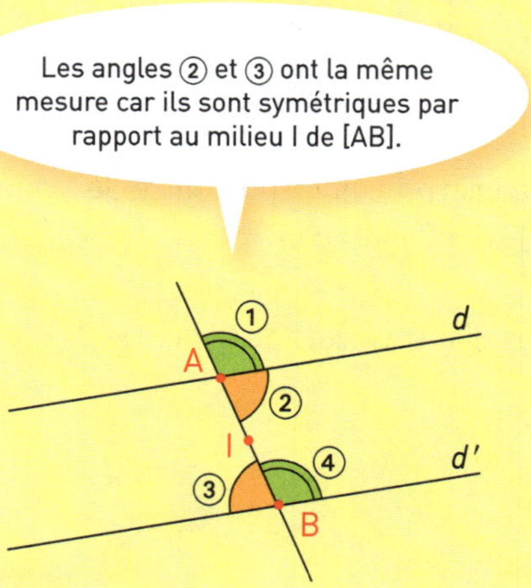

3 ★★ **Avec des parallèles**

Les droites D, D' et D'' sont parallèles.
Donner la mesure des angles :

$\widehat{a}$ = ... $\widehat{b}$ = ...

$\widehat{c}$ = ... $\widehat{d}$ = ...

$\widehat{e}$ = ... $\widehat{f}$ = ...

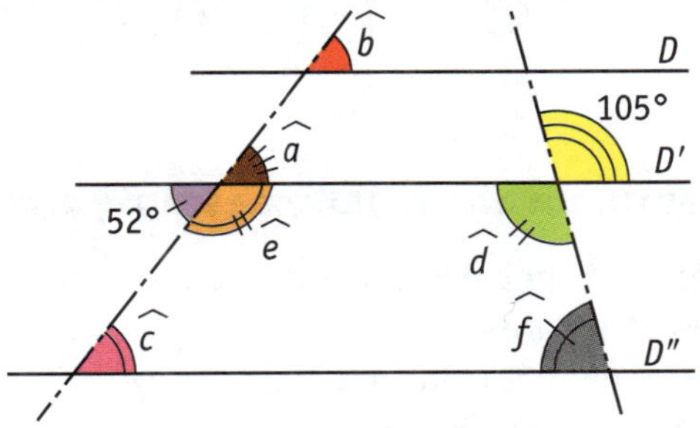

INFO
Un angle plat mesure 180°.

4 ★★ **Parallèles ?**

Les droites (Ay) et (Bz) sont-elles parallèles ? Pourquoi ?

....

....

....

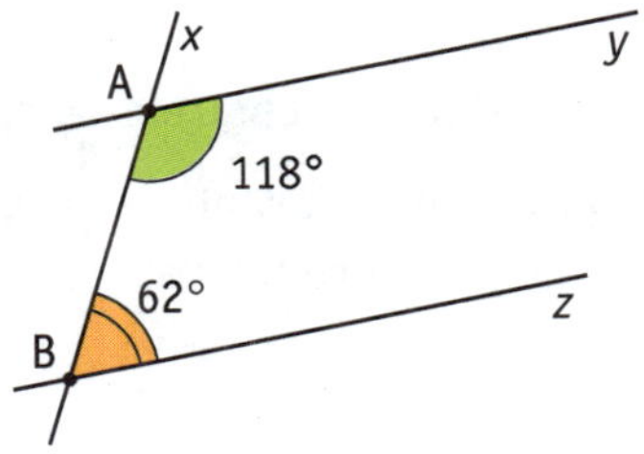

5 ★★ **Avec un trapèze ABCD**

a. Tracer la parallèle à (BD) passant par C.
Tracer la parallèle à (AC) passant par D.
Ces deux droites se coupent en O.

b. Indiquer sur le dessin les angles mesurant 28° puis ceux mesurant 22°.

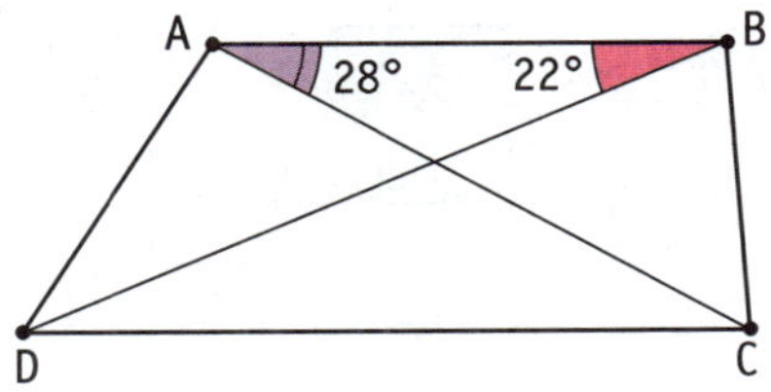

6 ★ **Avec un triangle rectangle (1)**

La droite Δ est parallèle à (BC).
Combien mesure l'angle $\widehat{x}$?

....

Et l'angle $\widehat{y}$? ....

....

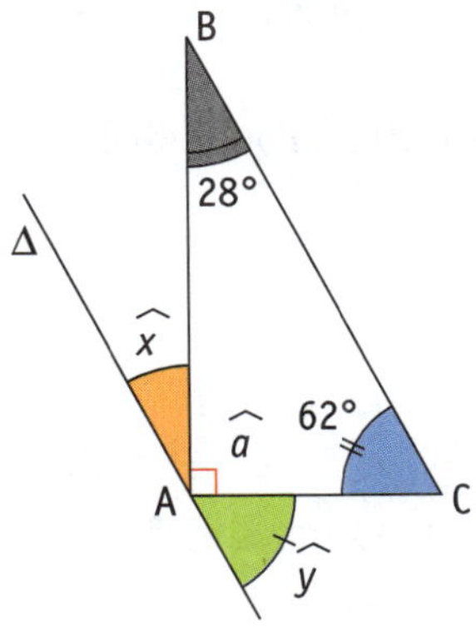

7 ★★ **Avec un triangle rectangle (2)**

Le triangle ABC est rectangle en A.

a. Combien mesure l'angle $\widehat{x}$? ....

b. Expliquer pourquoi (BD) est parallèle à (AI).

....

....

....

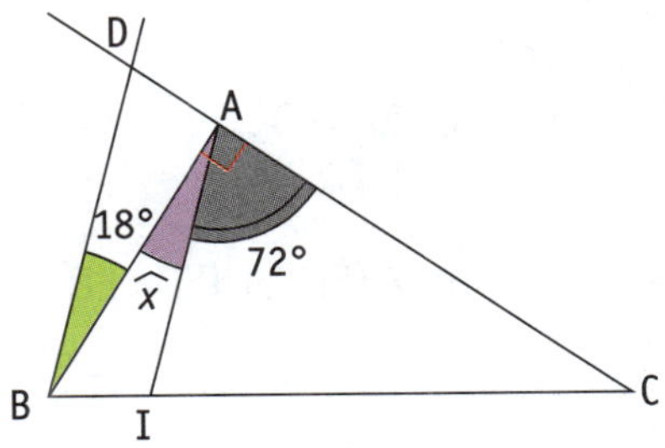

Corrigés p. 19-20

20 Connaître et utiliser les parallélogrammes

Comment prouver qu'un quadrilatère est un parallélogramme ?

- Un quadrilatère vérifiant l'une des conditions suivantes est un parallélogramme :
  - les côtés opposés sont parallèles,
  - les diagonales se coupent en leur milieu,
  - les côtés opposés ont même longueur,
  - les angles opposés ont même mesure,
  - deux côtés opposés sont parallèles et ont même longueur,
  - le quadrilatère admet un centre de symétrie.

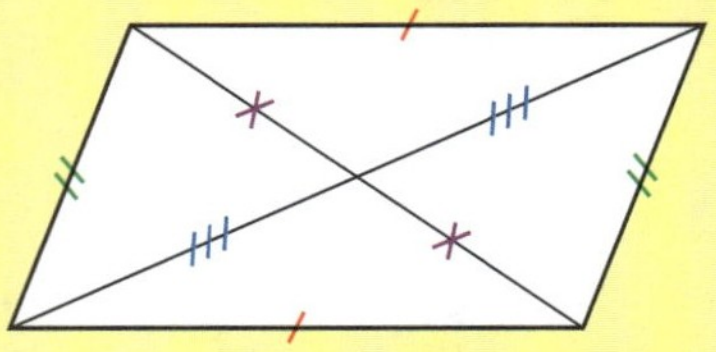

- Pour démontrer qu'un quadrilatère est un parallélogramme, il suffit donc de prouver qu'**une seule** de ces propriétés est vérifiée.

1 Reconnaître des parallélogrammes

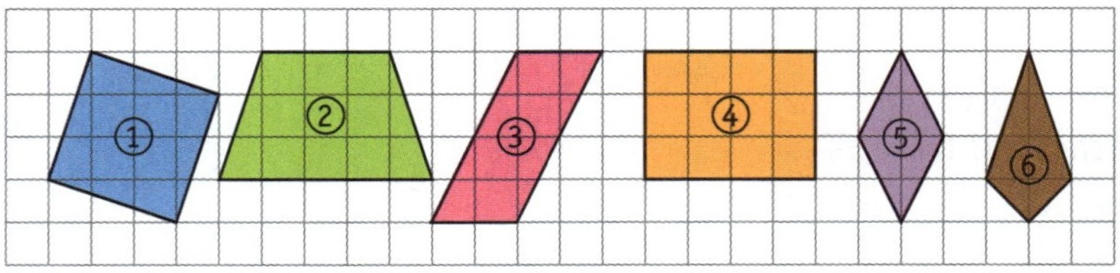

Citer tous les quadrilatères qui sont des parallélogrammes : ....

2 Avec les diagonales

Soit ABC un triangle et J le milieu de [BC].
Soit D le symétrique de A par rapport à J.
a. Compléter la figure.
b. Que dire du quadrilatère ABDC ? Pourquoi ?

....

....

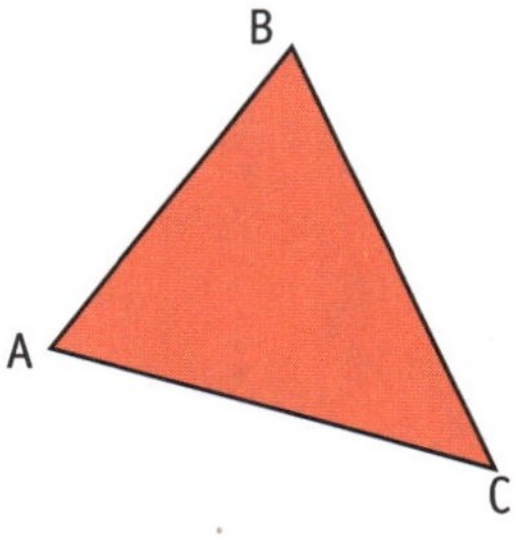

ATTENTION
Il s'agit bien de ABDC et non de ABCD.

3 Avec les côtés opposés

Soit un segment [AB] et deux points K et J.
a. Construire les symétriques C et D des points A et B par rapport à K.
b. Construire les symétriques E et F des points C et D par rapport à J.
c. Démontrer que (AB) // (DC) et AB = DC.

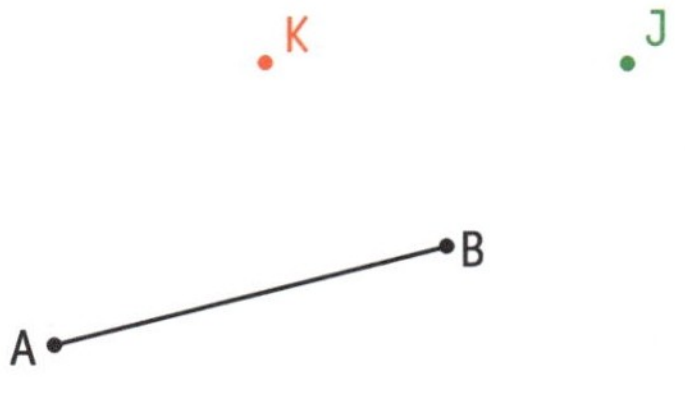

....

d. De même démontrer que (DC) // (EF) et DC = EF.

....

e. Que dire du quadrilatère ABFE ? ....

....

INFO
Rappel : un quadrilatère ayant deux côtés opposés parallèles et de même longueur est un parallélogramme.

Quelles sont les propriétés du parallélogramme ?

- Un parallélogramme admet un **centre de symétrie** : le point commun aux deux diagonales.
- Les **diagonales** d'un parallélogramme se coupent en leur milieu.
- Les **côtés opposés** d'un parallélogramme sont parallèles et de même longueur.
- Les **angles opposés** d'un parallélogramme ont la même mesure.
- Deux **angles consécutifs** d'un parallélogramme sont **supplémentaires**. (Cela signifie que la somme de leurs mesures vaut 180°.)

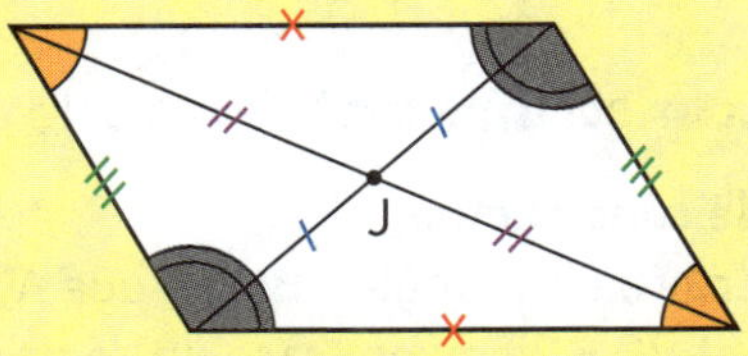

★ 4 Angles et parallélogramme

ABCD est un parallélogramme dont l'angle $\hat{A}$ mesure 113°.
Donner :

- $\hat{C}$ = ...
- $\hat{B}$ = ...
- $\hat{D}$ = ...

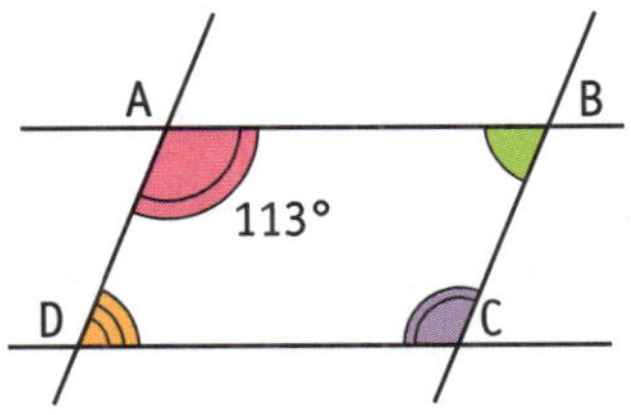

★★ 5 Côté commun

Soit ABCD et CDEF deux parallélogrammes ayant le côté [CD] en commun.

a. Compléter la figure.

b. Prouver que AB = EF et (AB) // (EF).

....

....

....

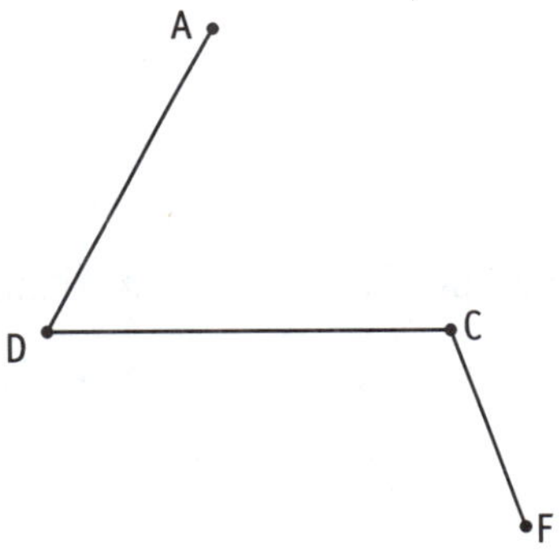

COUP DE POUCE
b. Utilise les propriétés des parallélogrammes.

c. Citer un troisième parallélogramme. ....

d. Démontrer que les segments [AF] et [BE] ont le même milieu. ....

....

★★ 6 Cercles et parallélogramme

Les deux cercles ont le même centre.
Prouver que AD = BC et (AD)//(BC).

....

....

....

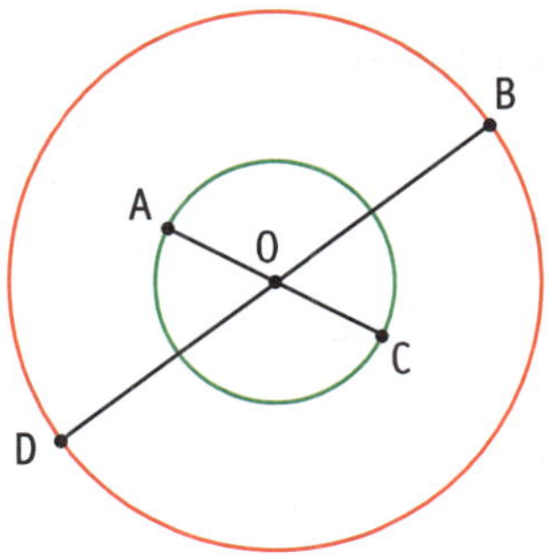

COUP DE POUCE
Tu peux commencer par démontrer que ABCD est un parallélogramme.

Corrigés p. 20-21

21 Construire des triangles

Comment construire un triangle de dimensions données ?

Exemple de construction

Pour construire un triangle ABC tel que AB = 4 cm, AC = 3 cm et BC = 2 cm, on trace un segment de longueur donnée, par exemple [AB], puis on reporte les deux autres dimensions à l'aide d'un compas.

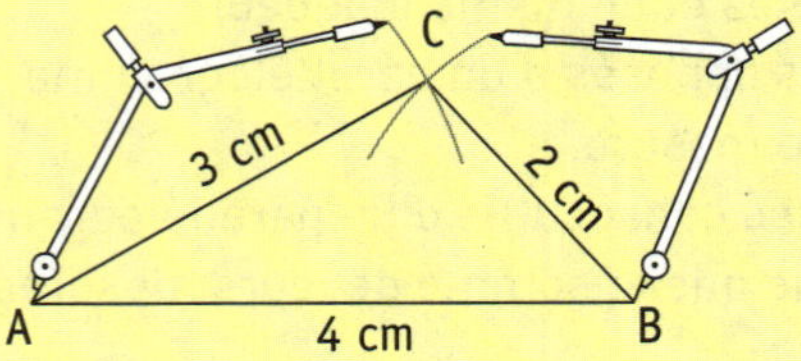

Inégalité triangulaire

Dans un triangle, tout côté est plus petit que la somme des deux autres côtés.
Dans l'exemple précédent, AB < AC + BC ; AC < AB + BC et BC < AB + AC.

★ 1 Avec trois côtés connus

a. Construire un triangle ABC tel que :
AB = 6 cm
BC = 5 cm
AC = 4 cm
Quel est le périmètre de ABC ?

.... cm.

A B

b. Hector prétend que l'on peut construire un triangle ABC tel que AB = 6 cm, BC = 2 cm et AC = 3 cm. Hélène pense que c'est impossible. Qui a raison et pourquoi ?

....

....

★ 2 Avec un angle entre deux côtés

Construire un triangle EFG tel que :
EF = 6 cm
EG = 4 cm
$\widehat{FEG} = 40°$
Mesurer FG et donner le périmètre de EFG.

FG ≈ .... cm.

Périmètre ≈ .... cm.

E F

COUP DE POUCE
Utilise la règle graduée, le compas et le rapporteur.

Quelle est la propriété des angles d'un triangle ?

Propriété

Dans un triangle, la somme des mesures des angles vaut 180°.

$\hat{A} + \hat{B} + \hat{C} = 180°$

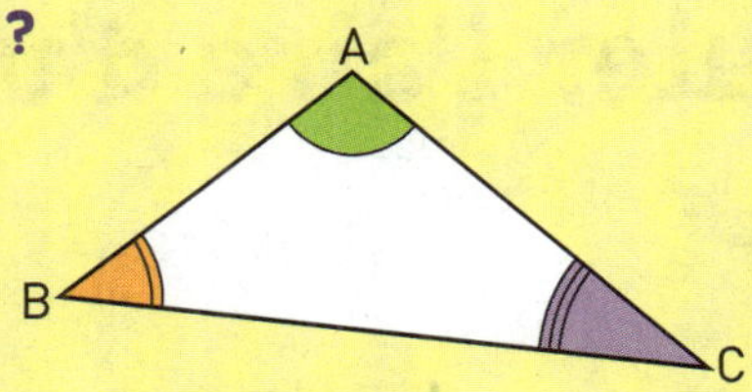

★ 3 Avec un côté entre deux angles

Construire un triangle LMN tel que :

MN = 5 cm

$\widehat{NML} = 70°$

$\widehat{MNL} = 50°$

Calculer la mesure de $\widehat{MLN}$.

....

....

★★ 4 Avec un angle et deux côtés

Construire deux triangles PQR tels que :

PQ = 5 cm

$\widehat{QPR} = 35°$

QR = 3 cm

> **COUP DE POUCE**
> Ici, l'un des côtés de l'angle donné est inconnu. Il y a plusieurs solutions.

★★ 5 Construction d'un triangle

Construire le triangle FAX ayant les mesures indiquées ici.

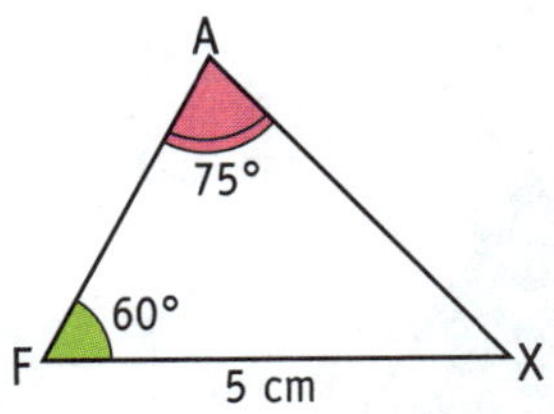

Corrigés p. 21-22

22 Calculer l'aire d'un triangle

Comment calculer l'aire d'un triangle quelconque ?

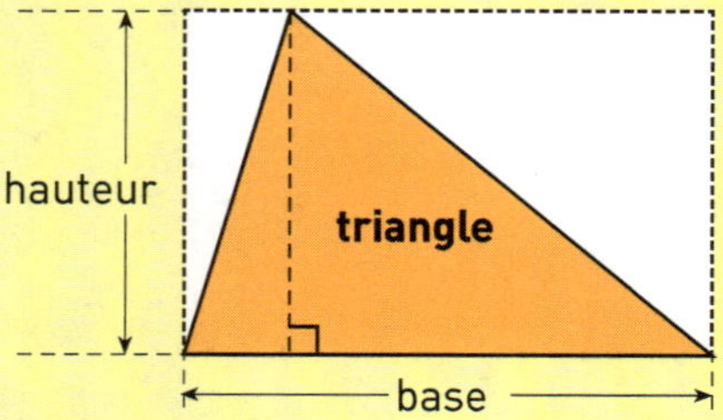

aire = base × hauteur ÷ 2

Exemple : L'aire d'un triangle dont la base mesure 9 cm et la hauteur 7 cm est :
aire = (9 × 7) ÷ 2 = 31,5 cm²

Car le triangle est la moitié d'un rectangle.

★ 1 Aires de tout repos

Indiquer sous chaque figure son aire en cm².

ATTENTION Les dessins ne sont pas faits à l'échelle.

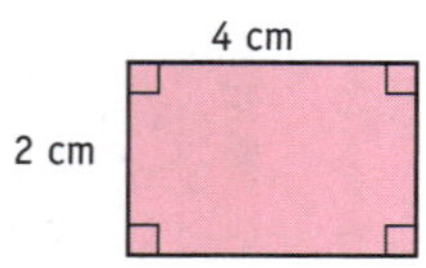

.... cm²

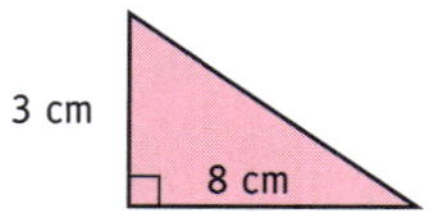

.... cm²

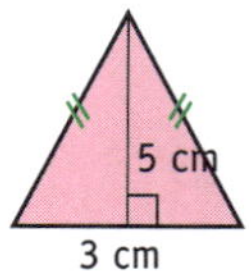

.... cm²

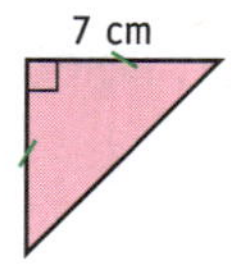

.... cm²

★ 2 Aires en carreaux

Compléter le tableau en indiquant les mesures en nombre de carreaux.

	Base	Hauteur	Aire en carreaux
Triangle BAH			
Triangle rectangle BGH			
Triangle rectangle isocèle BCD			
Triangle EDF			

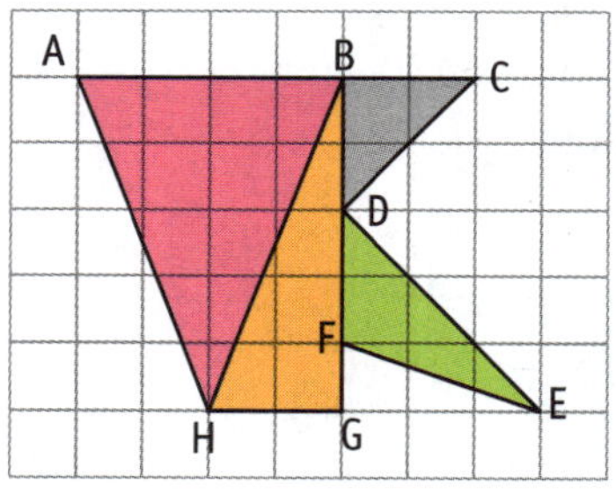

COUP DE POUCE Pour le triangle EDF, la hauteur issue de E est à l'extérieur du triangle.

★ 3 C'est la même aire

a. Dans le triangle ABC tracer la hauteur issue de B puis celle issue de C.

b. Donner l'aire de ABC. ....

c. Mesurer AB : ...., puis la hauteur issue de C : ....

Avec ces mesures, calculer l'aire de ABC. ....

Mesurer AC : ...., puis la hauteur issue de B : ....

Avec ces mesures, calculer l'aire de ABC. ....

d. Que remarque-t-on ? ....

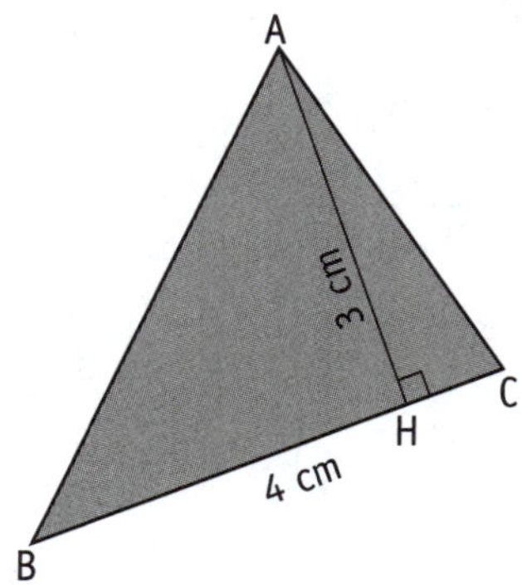

4 Dans un quadrillage

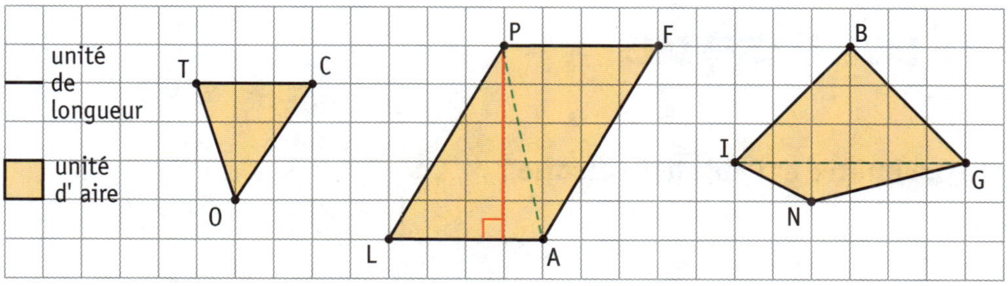

a. Aire du triangle TOC. ....

b. Aire du parallélogramme PLAF. ....

....

c. Aire du quadrilatère BING. ....

....

5 Exercice à la hauteur

a. Un triangle ABC a une aire de 42 cm². Le côté [BC] mesure 12 cm. Combien mesure la hauteur issue de A ?

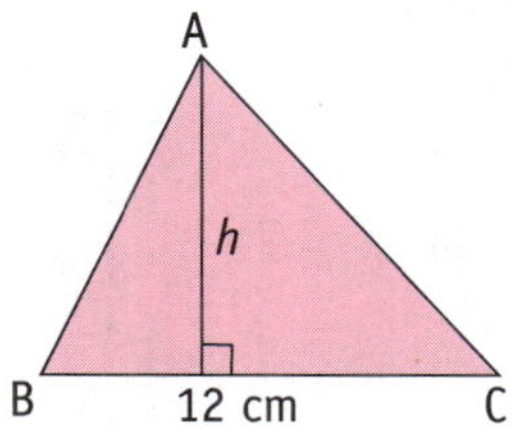

....

....

....

b. Calculer la hauteur issue de B du triangle BLE ci-contre.

COUP DE POUCE
b. Commence par calculer l'aire du triangle.

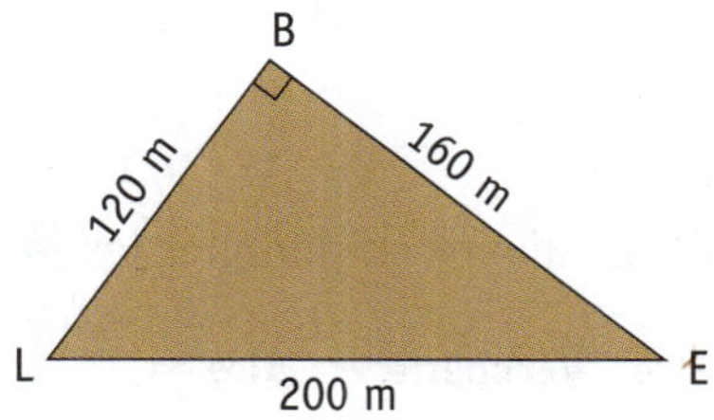

....

....

....

....

....

6 Autour du périmètre

Un triangle ABC isocèle en A a une aire de 12 cm².
La hauteur issue de A mesure 4 cm et celle issue de B mesure 4,8 cm.
Calculer le périmètre du triangle.

....

....

....

....

....

Corrigés p. 22-23

23 Calculer le périmètre et l'aire d'un disque

Comment calculer le périmètre et l'aire d'un disque ?

- Pour un disque de rayon *R* :

périmètre $= 2 \times \pi \times R = 2\pi R$

aire $= \pi \times R \times R = \pi R^2$

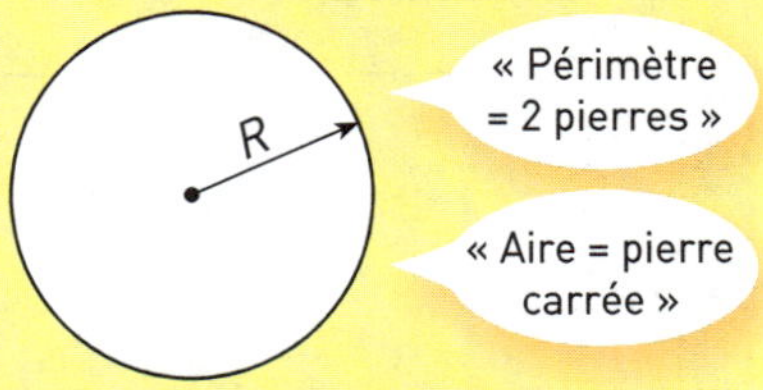

Remarque : Dans les calculs, on prend habituellement $\pi \approx 3{,}14$, mais si on utilise la calculatrice, la touche (π) donne un résultat plus précis.

★ 1 Les coins ou le carreau ?

Comparer les aires des parties coloriées des figures ① et ②.

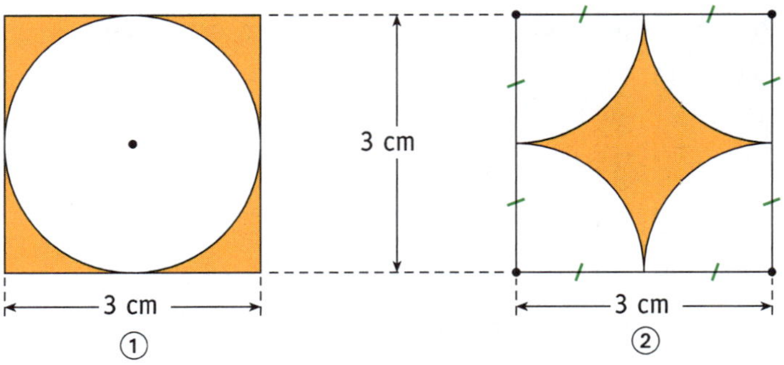

ATTENTION Ne te lance pas dans les calculs. Réfléchis et observe !

....

★ 2 Aire d'un disque

Compléter le tableau suivant en donnant les résultats à 0,01 près.

Rayon	Diamètre	Périmètre	Aire
4 m			
	4 m		
		4 m	

★ 3 Le joli cœur

Calculer l'aire du cœur sachant que ABCD est un carré de côté 4.

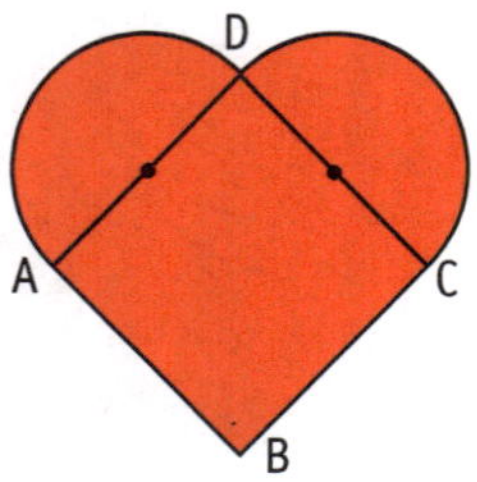

....

....

....

4 La ficelle

Avec une ficelle nouée 

de longueur 24 cm, on a fabriqué :

un carré — un disque — un rectangle

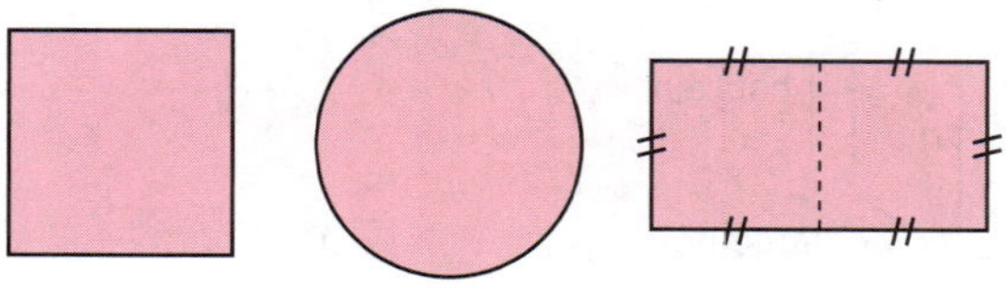

Calculer et comparer les aires de ces trois figures.

INFO

Les mathématiciens ont prouvé que, quelle que soit la longueur de la ficelle, l'aire du disque est toujours supérieure à celle du carré, qui est elle-même supérieure à l'aire de tout autre rectangle.

5 La fleur de crucifère

Calculer en carreaux l'aire de la partie coloriée (à 0,01 près).

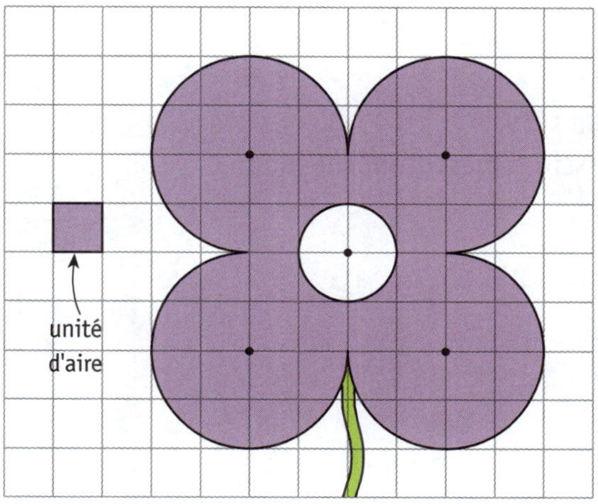

6 La piscine

On a donné la forme ci-contre à une piscine.

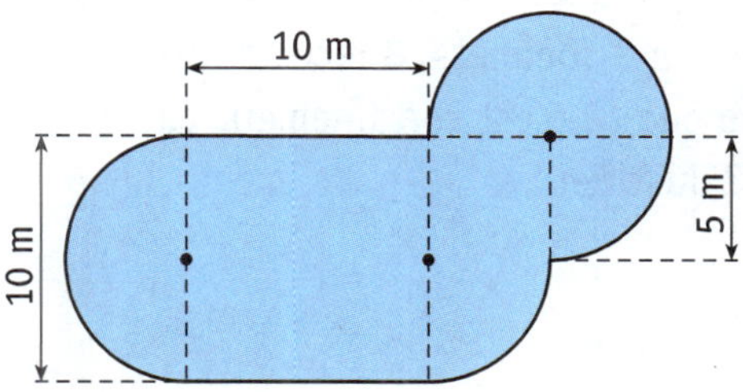

a. Calculer l'aire de cette piscine en m^2.

b. Calculer le périmètre de la piscine.

Corrigés p. 23-24

24 Se repérer dans l'espace

Quel est le vocabulaire concernant les cubes et les parallélépipèdes ?

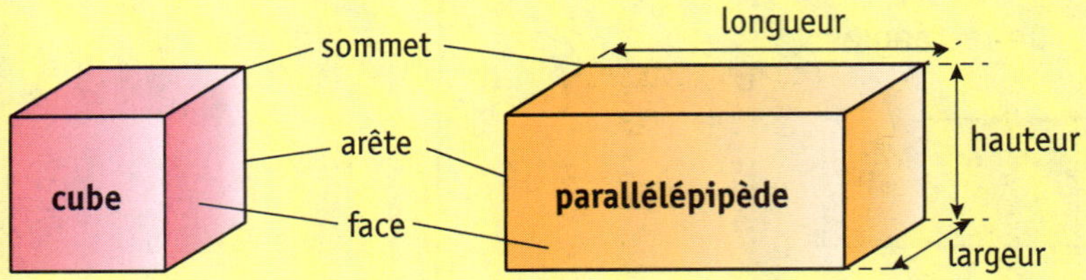

★ 1 Ça cube !

La longueur totale des arêtes d'un cube mesure 84 cm.

Calculer l'aire totale de ses faces. ....

....

....

★ 2 Cube par-dessus tête

Compléter ce dessin représentant un cube en perspective.

★ 3 Dessin caché

Jean, qui est un peu facétieux, a caché le solide qu'il a dessiné.
Il dit : « Ce solide a 8 sommets, 8 faces et 14 arêtes. »
Laure lui affirme que ce n'est certainement pas un pavé droit.
A-t-elle raison ? Justifier.

....

....

INFO
Un pavé droit est un parallélépipède rectangle.

★★ 4 Bi-cube

Deux cubes identiques sont posés l'un sur l'autre sur une face commune. On obtient alors un pavé droit. L'aire totale des faces de ce pavé droit mesure 360 m^2.
Calculer la longueur totale des arêtes d'un des deux cubes.

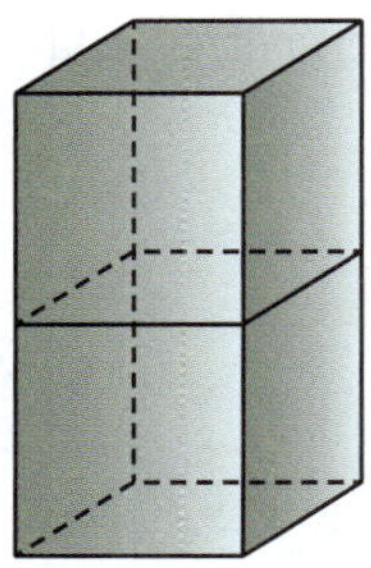

....

....

Comment se repérer dans l'espace ?

- Un cube de référence de côté 1 (en rouge sur le dessin) permet de repérer un point dans l'espace en utilisant 3 nombres.
Ainsi pour le point A on écrit :
A(3 ; 4 ; 2).
(3 ; 4 ; 2) sont les **coordonnées** de A.
Observons que 3 axes gradués (O*x*), (O*y*) et (O*z*) s'appuient sur les 3 arêtes du cube (voir le dessin).

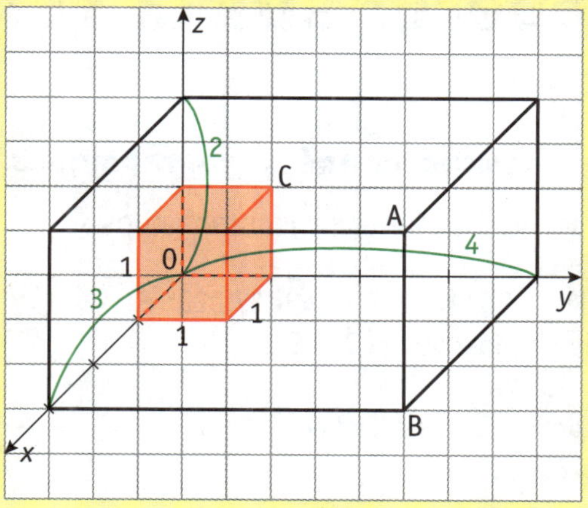

- Pour repérer un point (par exemple A), on commence par la profondeur du pavé noir suivant l'axe (O*x*), ici 3, puis par la longueur suivant (O*y*), ici 4, puis par la hauteur suivant (O*z*), ici 2.
- Le point O a pour coordonnées (0 ; 0 ; 0), le point C, (0 ; 1 ; 1) et le point B, (3 ; 4 ; 0).

★★ 5 Pour commencer

a. Donner les coordonnées de A(...... ; ...... ; ......),
de B(...... ; ...... ; ......), de D(...... ; ...... ; ......)
et de E(...... ; ...... ; ......).

b. Citer un point du dessin ayant :
– une coordonnée nulle : ......(...... ; ...... ; ......) ;
– 2 coordonnées nulles : ......(...... ; ...... ; ......).

c. Quel est le point ayant pour coordonnées
(1 ; 3 ; 4) ? ....

d. Placer sur le dessin les points L(2 ; 3 ; 3), F(3 ; 5 ; 6), G(2 ; 0 ; 5) et I(2 ; 2,5 ; 3,5).

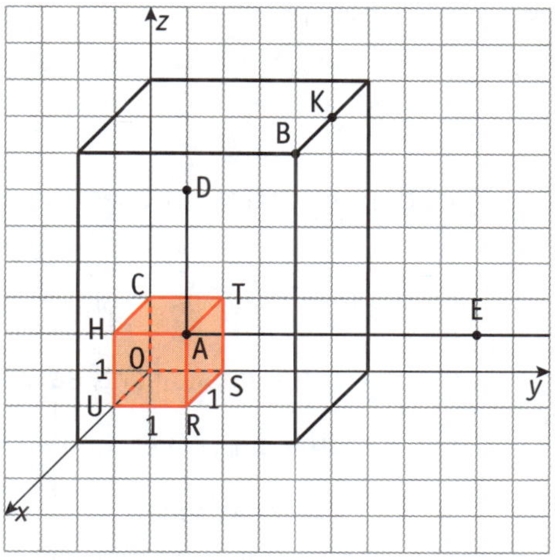

★★ 6 Pour confirmer

a. Donner les coordonnées de L(...... ; ...... ; ......),
de E(...... ; ...... ; ......)
puis de F(...... ; ...... ; ......).

b. Placer le point N(1 ; 2 ; 1)
puis le point P(1 ; 3 ; 3).

c. Quel est le point ayant pour coordonnées
(1 ; 0 ; 2) ? ....

d. Placer le point $Z\left(1 ; \frac{4}{3} ; 2\right)$
puis le point $H\left(1 ; 1 ; \frac{2}{3}\right)$.

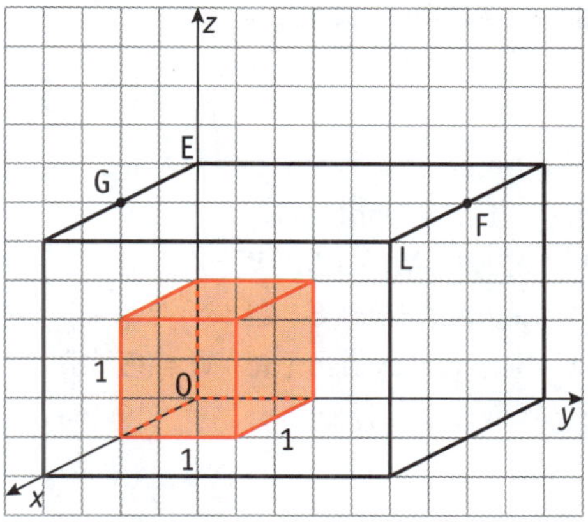

ATTENTION
L'unité a changé.

Corrigés p. 24-25

25 Se repérer sur la Terre

Qu'est-ce que les coordonnées géographiques ?

- *Exemple* : Voici les coordonnées géographiques de deux villes :
  Moscou (38° E ; 56° N) et Rio (43° W ; 23° S).
  La **longitude** de Moscou est 38° E, celle de Rio 43° W.
  La **latitude** de Moscou est 56° N, celle de Rio 23° S.
- Un **méridien** est un demi-cercle délimité par les pôles.
  Celui qui passe par Greenwich est rouge sur le dessin. Sa longitude est 0°.
- Le petit cercle passant par Moscou est un **parallèle**.
  L'équateur est un parallèle particulier. Sa latitude est 0°.

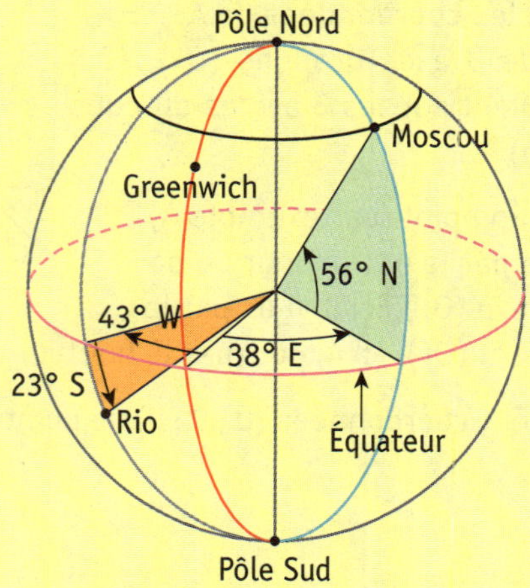

1 Bon début

a. Quelle est la signification des lettres utilisées pour écrire des coordonnées géographiques ?

N : .... ; E : .... ; W : .... ; S : ....

b. Un bateau traverse l'équateur. À ce moment, sa latitude est : ....

c. Le village de Melleran est situé sur le méridien de Greenwich. On peut alors connaître

sa longitude : .... ; sa latitude : ....
(Rayer la coordonnée que l'on ne peut pas déterminer.)

2 Coordonnées géographiques de quelques villes

a. Les coordonnées d'Athènes sont :

(.......... ; ....)

b. Compléter la figure en inscrivant en face des points le nom des villes suivantes :
Paris (2° E ; 49° N), New-York (74° W ; 41° N), Saint-Pierre de la Réunion (55° E ; 21° S), Londres (0° ; 51° N), Montevideo (56° W ; 35° S), Kaboul (69° E ; 34° N).

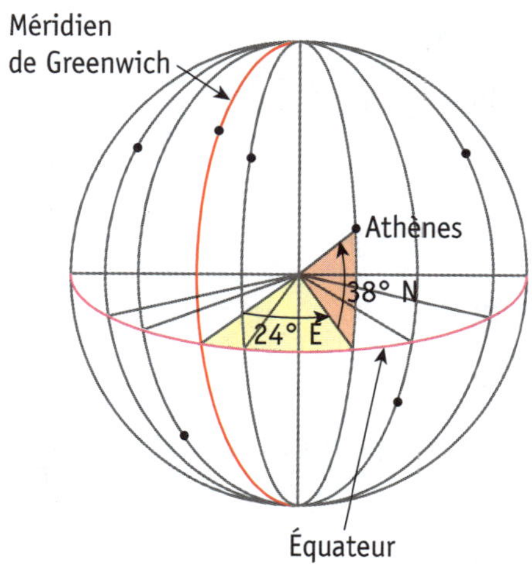

3 Migrateur

On a déterminé la position d'un oiseau muni d'une balise GPS : (43° W ; 56° N).
Pour indiquer la position de l'oiseau, placer la lettre O sur le schéma en haut de cette page.

4 Bilan

Compléter ce bilan.

a. La latitude d'un point est un angle compris entre ....° et ....° suivi de la lettre .... ou ....

b. Les points de l'équateur ont pour latitude : ....

c. La longitude d'un point est un angle compris entre ....° et ....° suivi d'une lettre .... ou ....

d. Les points du méridien de Greenwich ont pour longitude : .... °

e. Les points diamétralement opposés aux points du méridien de Greenwich ont pour longitude : .... °

5 Avec 4 points

On a les coordonnées géographiques suivantes : F(24° W ; 31° N) et I(43° E ; 16° S).
Les parallèles et les méridiens passant par I et F se coupent en A et M. Alors :

A(.......... ; ....) et M(.......... ; ....).

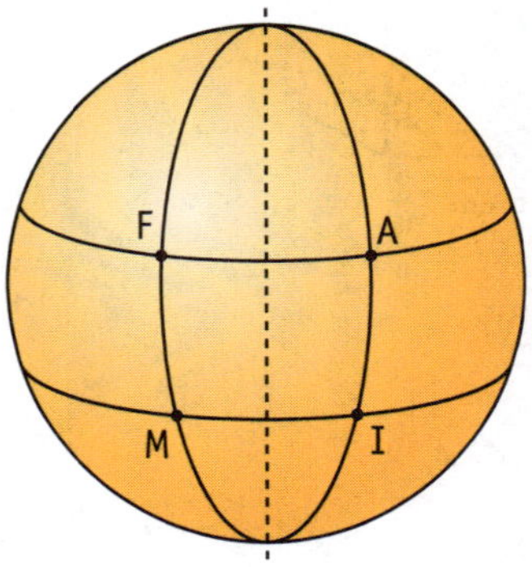

6 Sphère book

a. Calculer la longueur d'un méridien (c'est-à-dire d'un demi-grand cercle de la Terre). On prendra 6 370 km comme rayon de la Terre (arrondir à 1 km près).

....

b. Deux internautes s'échangent leurs coordonnées géographiques :
Jean (27° E ; 59° N) et Sylvie (27° E ; 31° S).
Calculer la distance qui les sépare à vol d'oiseau.

....

....

c. Même question pour 2 voyageurs qui s'échangent leurs coordonnées GPS :
Dominique (93° W ; 0°) et Claude (87° E ; 0°).

....

....

INFO
Un **grand cercle** est un cercle dont le rayon est le rayon de la Terre

COUP DE POUCE
Jean et Sylvie sont sur le même ....?
De plus, 59° + 31° = ...?

Corrigés p. 25

26 Calculer des aires et des volumes

Comment calculer des volumes ?

parallélépipède

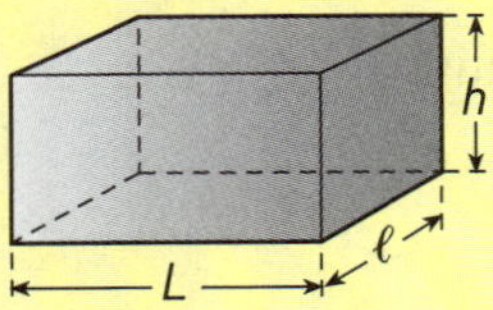

volume = $(L \times \ell) \times h$

cube

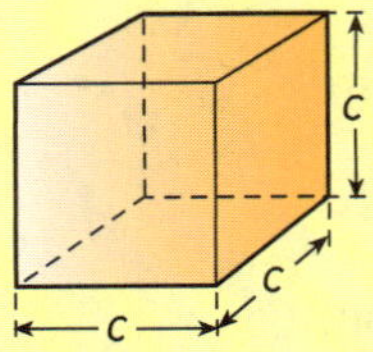

volume = $(c \times c) \times c = c^3$

cylindre

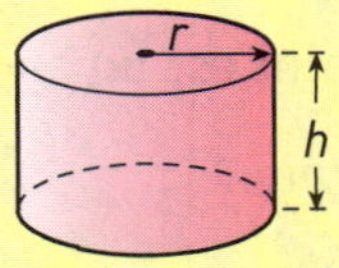

volume = $(\pi r^2) \times h$

Dans tous les cas présents, on a : **volume = aire de la base × hauteur**

★ 1 Un cylindre dans un cube

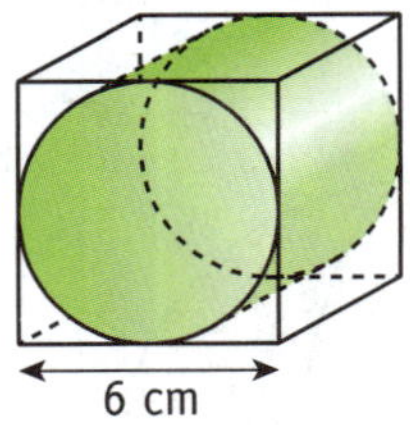

a. Calculer le volume du cube : 6 × 6 × 6 = 216 cm³

b. Calculer volume du cylindre : d × π × h = V

(Donner une valeur approchée par défaut à 0,1 près). V = 113

★ 2 La piscine ronde

Une piscine ronde de 5 m de diamètre et de 1,20 m de hauteur peut-elle contenir 23 m³ d'eau ? (Prendre 3,14 pour π.)

d = 15,7 15,7 × 1,20 = 18,84

★ 3 Une pièce de bois

Une pièce de bois de 1,50 m de long a la forme d'un parallélépipède dont la base est un carré de 30 cm de côté.

Calculer le volume en m³ de cette pièce de bois.

ATTENTION ... aux unités !

b = 30 cm × 30 cm = 900 cm 900 cm² × 150 cm = 135 000 cm

1,50 m = 150 cm

★★ 4 La citerne d'eau de pluie

Une citerne a la forme d'un parallélépipède de 3 m de largeur, 4,5 de longueur et 5 m de hauteur.

a. Calculer, en m³, le volume total de la citerne.

b = 3 m × 4,5 m = 13,5

13,5 × 5 = 67,5 m³

b. Après un gros orage, 27 m³ d'eau ont coulé dans la citerne.

De combien de mètres est monté le niveau de l'eau dans la citerne ?

~~67,5 m³ ÷ 5 = 13,5~~ b = 3 × 4,5 = 13,5 m²

~~27 ÷ 5 = 5,4~~ ~~13,5 − 5,4 = 7,1~~

27 / 13,5 = 2

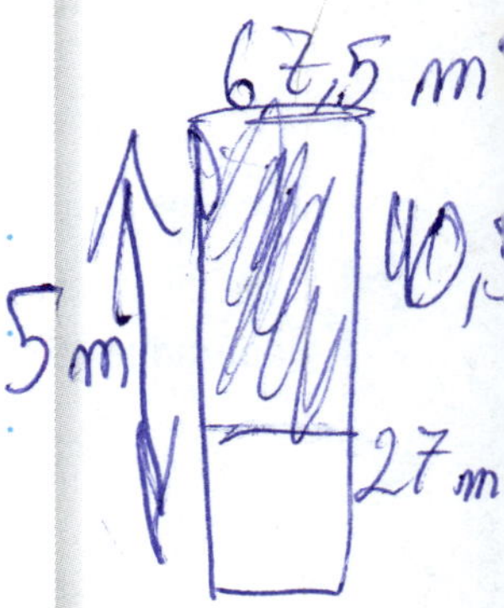

Comment calculer des aires ?

Aire totale des faces d'un parallélépipède

aire totale des faces = $2 \times (L \times \ell + L \times h + \ell \times h)$

Cas du cube d'arête c : aire totale = $6 \times c^2$

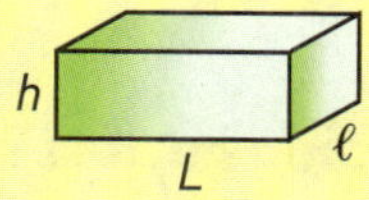

Aire latérale d'un cylindre

aire latérale = $2 \times \pi \times r \times h$

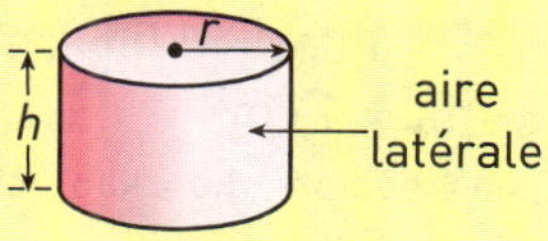

5 Aires à comparer

Comparer les aires totales des faces :
- d'un cube de 23 cm d'arête ;
- d'un parallélépipède de dimensions : 41 cm, 19 cm, 13 cm.

23×23×6 = ~~3174~~ 41×19×13 =
23 12 67) 10 127

6 Le bon tuyau

On veut fabriquer un tuyau de poêle de 70 cm de long et 7,5 cm de rayon.
Quelle surface de tôle, en cm² puis en m², faut-il employer ?

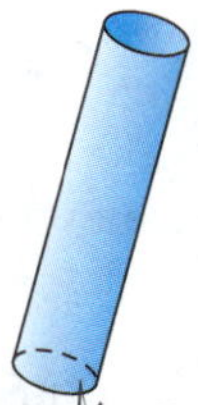

2×7,5×π ~~15π~~
≈ 47,1225 47,1225×70
= 3298,5

7 Pile de cubes

Cinq cubes identiques posés l'un sur l'autre atteignent une hauteur de 45 cm.
Calculer le volume de l'un de ces cubes.

8 Cylindres

Compléter le tableau avec des valeurs approchées à 0,1 près. (*Faire les calculs au brouillon.*)

Rayon r (en cm)	Diamètre (en cm)	Hauteur h (en cm)	Périmètre de base (en cm)	Aire de base (en cm²)	Aire latérale (en cm²)	Volume (en cm³)
2		10				
	5	7				
		6	10			

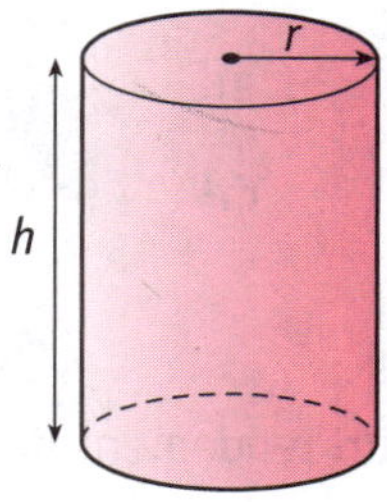

9 Longueur, aire et volume avec Scratch

a. Assembler et exécuter ce programme concernant un cube. Que donne-t-il ?

b. Ajouter 2 lignes pour que le programme affiche, à l'aide de la variable a, l'aire totale des faces du cube.

c. Même travail, mais le programme doit afficher la longueur totale des arêtes du cube (utiliser la variable L).

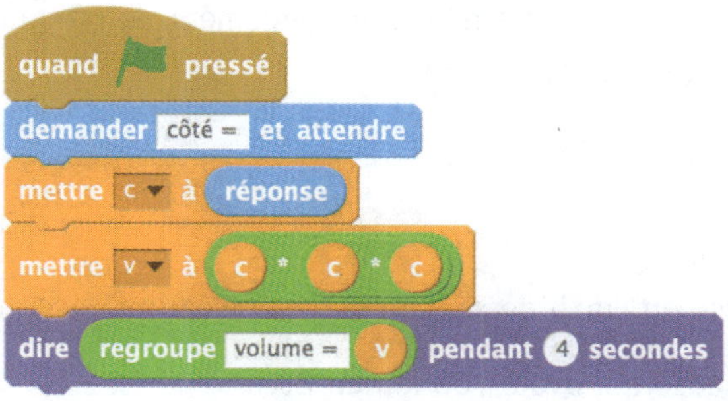

Corrigés p. 26

Plus d'exercices sur www.hatier-entrainement.com

27 Changer d'unités

Quelles sont les conversions utiles ?

- 1 t (*) = 10 q (*) = 1 000 kg 1 h = 3 600 s 1 j = 24 h
- $1\ m^3$ = 1 000 L = 10 hL 1 L = $1\ dm^3$ = $1\ 000\ cm^3$ 1 mL = $1\ cm^3$
- 1 ha (*) = $1\ hm^2$ = $10\ 000\ m^2$ 1 a (*) = $100\ m^2$ 1 Mo (*) = 1 000 ko (*)

(*) t = tonne ; q = quintal ; a = are ; ha = hectare ; ko = kilo-octet ; Mo = mégaoctet.

- Pour les autres cas, se reporter à la carte mentale *Les unités de mesure* à la fin du cahier.

COUP DE POUCE
Pour les exercices 1 et 2, pense à utiliser des unités intermédiaires.

★ 1 Des unités à foison

Compléter en respectant les unités.

a. 1,2 dam = ... cm
b. 13,2 mm = ... dm
c. 4 hm = ... km
d. $150\ cm^2$ = ... m^2
e. $6\ 000\ m^2$ = ... hm^2
f. 3 ha = ... m^2
g. 125 g = ... kg
h. 314 cg = ... g
i. 4,3 t = ... kg
j. 13 q = ... kg
k. 100 min = ... h .... min
l. 7 200 s = ... h

★ 2 Avec des volumes

Compléter en respectant les unités.

a. 1,5 L = ... cm^3
b. $3\ cm^3$ = ... cL
c. $0,4\ m^3$ = ... dm^3
d. $15\ cm^3$ = ... mL
e. 100 hL = ... m^3
f. $125\ cm^3$ = ... L
g. 8 dL = ... cm^3
h. 3,8 dL = ... dm^3
i. 0,5 L = ... dm^3
j. 2 500 L = ... m^3

★★ 3 Unités agraires

a. Une vigne a un rendement de 42 hL à l'hectare. Donner ce rendement en litres sur un are.

....

b. Dans un champ de blé, on a relevé un rendement de 60 quintaux à l'hectare. Donner ce rendement en kg par are.

....

★ 4 Vitesses d'oiseaux

Calculer la vitesse en km/h de chacun de ces oiseaux :

a. La pie écorcheuse qui avale 700 km en 20 h : ....

b. Le tourne-pierre qui parcourt 825 km en 25 h : ....

c. Le foulque qui peut faire 730 km en 2 jours : ....

5 Mur du son

Un avion a une vitesse de 1 100 km/h. Dépasse-t-il la vitesse du son qui est de 330 m/s ?

6 Digital

a. Comparer les capacités de deux disques durs, l'un de 800 Go et l'autre de 2 To.

b. Une clé USB a une capacité de 32 Go. Exprimer cette capacité en Mo.

c. La capacité d'une carte mémoire est de 36 Go. Combien de fois est-elle plus grande qu'une ancienne carte mémoire de 18 Mo ?

INFO
Mo : mégaoctet
Go : gigaoctet
(1 Go = 1 000 Mo)
To : téraoctet
(1 To = 1 000 Go)

7 Le geyser

Aux États-Unis, le geyser « Le géant » rejette 13 850 hL d'eau chaude en 4 min.

Calculer le débit du geyser en m^3 par seconde.

8 Consommation

Dans certains pays d'Amérique du Sud, la consommation d'une voiture s'exprime en kilomètres (parcourus) par litre (consommé).

a. Une voiture consomme 8 L aux 100 km. Exprimer cette consommation en km par litre de carburant.

b. Une voiture chilienne parcourt 15 km par litre. Exprimer cette consommation en litres pour 100 km.

COUP DE POUCE
Tu peux utiliser un tableau de proportionnalité.

9 Dans la vie courante

a. 1,5 km de câble électrique coûte 900 euros. Combien coûtent 2 dam de ce câble ?

b. 4 m de tube de cuivre pèsent 3 kg. Combien pèsent, en grammes, 6 dm de ce tube ?

c. Au cours d'un orage, il est tombé 15 cm^3 d'eau sur une surface de 10 cm^2.
Quel volume d'eau (en litres) est-il tombé sur 1 m^2 ? Et sur un champ de 1 ha (en m^3) ?

Corrigés p. 26-27

28 Découvrir l'algorithmique et la programmation

Qu'est-ce que l'algorithmique ?

- Un **algorithme** est une suite d'opérations élémentaires qui doivent s'exécuter dans un certain ordre afin d'obtenir un résultat. L'**algorithmique** est la science des algorithmes. Le mot « algorithme » vient du nom du mathématicien **Al Khwarizmi** (Bagdad, vers l'an 800).
- Un algorithme est appelé **programme** lorsqu'il est enregistré et susceptible d'être exécuté par un ordinateur.
- Dans les exercices suivants, on utilise le logiciel **Scratch**, téléchargeable gratuitement sur Internet à l'adresse : scratch.mit.edu/scratch2download.

★ 1 Avec un carré

a. Le programme ci-contre demande le côté d'un carré et donne un certain résultat. Assembler ce programme sans oublier de créer la variable *A*.
Faire exécuter plusieurs fois avec des côtés différents. Que donne ce programme ?

```
quand [drapeau] pressé
demander [côté =] et attendre
mettre [A] à (réponse) * (réponse)
dire (A) pendant (4) secondes
```

....

INFO
réponse est une variable qui reçoit le nombre tapé.

b. Modifier la troisième et la quatrième ligne du programme pour qu'il donne le périmètre du carré. (Utiliser la variable *P*.)

★ 2 Avec un rectangle

Compléter ce programme qui demande la longueur et la largeur d'un rectangle, et qui donne l'aire du rectangle.

```
quand [drapeau] pressé
demander [longueur =] et attendre
mettre [A] à (réponse)
demander [      ] et attendre


mettre [S] à (A) * (B)
dire [ ] pendant (4) secondes
```

INFO
Ici, on utilise plusieurs variables (A, B et S) afin d'éviter les conflits entre les différentes valeurs de réponse

★ 3 Pour mieux communiquer

Remplacer la ligne suivante du programme de l'exercice 2 :

```
dire [ ] pendant (4) secondes
```

par la ligne suivante :

```
dire (regroupe [aire =] (S)) pendant (4) secondes
```

Exécuter ce nouveau programme. Observer l'exécution.

....

INFO
L'instruction regroupe [ ] [ ] rassemble deux objets, ici du texte et une variable.

4 Dessin géométrique

Le programme ci-contre demande une longueur puis dessine sur l'écran deux segments perpendiculaires de cette longueur.

a. Exécuter ce programme avec plusieurs valeurs.

b. Compléter ce programme pour qu'il dessine un carré de longueur donnée.

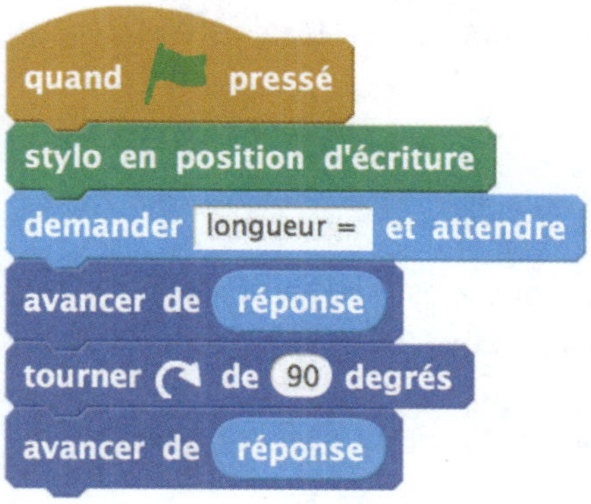

5 Deux variables à dessin

En s'inspirant du programme précédent, écrire un programme qui :

- demande la longueur et la largeur d'un rectangle ;
- les met dans les variables *A* et *B* ;
- trace ensuite ce rectangle.

INFO

Pour faire disparaître le lutin, ajoute l'instruction :

6 Avec un triangle équilatéral

a. Compléter :

chaque angle d'un triangle équilatéral mesure ....

b. Dans le programme donné au début de l'exercice 4, remplacer la cinquième ligne par :

Ainsi on obtient, à l'écran, deux segments de même longueur formant un angle de 60°.

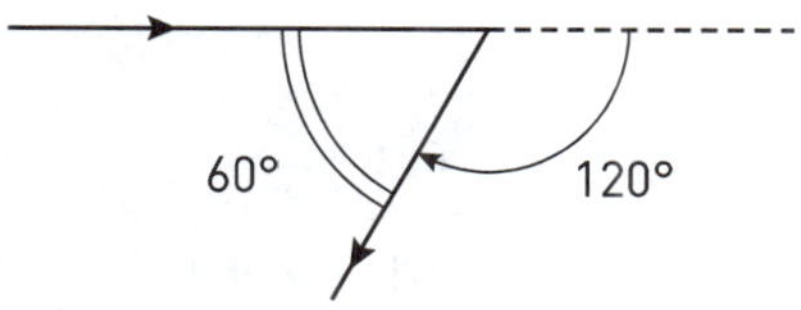

Exécuter ce programme.

c. Modifier ce programme pour qu'il trace un triangle équilatéral de côté donné.

7 Une maison

Écrire un programme qui demande une longueur et dessine la maison ci-contre.

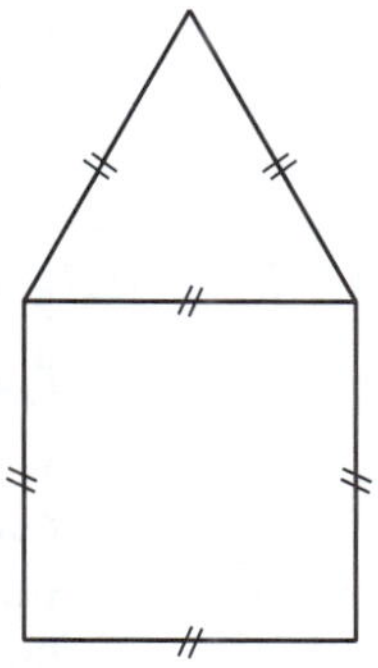

INFO

On peut le faire sans lever le crayon.

Corrigés p. 27-29

L'art de calculer

Notations

• Souvent, le signe × est sous-entendu :
$2a = 2 \times a$ (mais $23 \neq 2 \times 3$!) ;
$ab = a \times b$

• Une fraction est l'écriture d'un quotient :
$2 \div 3 = \frac{2}{3}$; $\frac{7}{4} = 7 \div 4 = 1{,}75$;
$\frac{1}{10} = 1 \div 10 = 0{,}1$; $\frac{1}{100} = 1 \div 100 = 0{,}01$

Nombres relatifs

• **Addition**
Nombres de même signe :
$3 + 8 = 11$; $(-3) + (-8) = -11$
Nombres de signes contraires :
$3 + (-8) = -5$; $(-3) + 8 = 5$

• **Soustraction**
Pour soustraire, on ajoute l'opposé :
$3 - 8 = 3 + (-8) = -5$;
$3 - (-8) = 3 + 8 = 11$

Règles de priorité

• On effectue d'abord ce qui est entre parenthèses :
$2 \times (5 + 3) = 2 \times 8 = 16$

• En cas de parenthèses emboîtées, on commence par les plus internes :
$$2 \times [13 - (5 - 4) + 6] = 2 \times (13 - 1 + 6) = 2 \times 18 = 36$$

• En l'absence de parenthèses, on effectue les multiplications et les divisions avant les additions et les soustractions :
$5 + 3 \times 7 = 5 + 21 = 26$;
$4 + 5 \div 2 = 4 + 2{,}5 = 6{,}5$
Cette règle permet d'enlever des parenthèses et donc d'alléger les écritures.

• Lorsqu'il n'y a que des multiplications et des divisions, on effectue les calculs dans l'ordre de l'écriture :
$$8 \div 2 \times 15 \div 3 = 4 \times 15 \div 3 = 60 \div 3 = 20$$

• Lorsqu'il n'y a que des additions et des soustractions, on effectue les calculs dans l'ordre de l'écriture :
$$7 + 5 - 2 - 3 + 10 = 12 - 2 - 3 + 10 = 10 - 3 + 10 = 7 + 10 = 17$$

Multiplication et division par 10, 100, 1000…

• Pour multiplier par 10, 100, … on décale la virgule vers la droite de 1, 2, … rangs :
$23{,}46 \times 10 = 234{,}6$; $3{,}4 \times 100 = 340$

• Pour diviser par 10, 100, … on décale la virgule vers la gauche de 1, 2, … rangs :
$23{,}46 \div 10 = 2{,}346$; $3{,}4 \div 100 = 0{,}034$

• Multiplier par 0,1 c'est diviser par 10, multiplier par 0,01 c'est diviser par 100, etc. :
$3{,}4 \times 0{,}01 = 3{,}4 \times \frac{1}{100} = 3{,}4 \div 100 = 0{,}034$

Proportionnalité

Exemple :
Il a fallu 2,4 litres de peinture pour peindre 3 m². Combien en faut-il pour peindre 5 m² ?

• **Méthode du passage à l'unité**
Pour 1 m², il faut $2{,}4 \div 3 = 0{,}8$ litre. Donc pour 5 m², il faut $0{,}8 \times 5 = 4$ litres de peinture.

• **Méthode du coefficient de proportionnalité**
On construit d'abord un tableau de proportionnalité :

Aire en m²	3	5
Peinture en L	2,4	?

$\times \frac{2{,}4}{3}$

Le coefficient de proportionnalité est :
$2{,}4 \div 3 = 0{,}8$.
Le résultat est donc $5 \times 0{,}8 = 4$ litres.

Pourcentages

• **Appliquer un taux de pourcentage**
7 % de 120, c'est : $120 \times \frac{7}{100} = 8{,}4$

• **Calculer un taux de pourcentage**
Exemple :
Il y a 390 grammes de fruits dans un pot contenant 650 grammes de confiture.
Quel est le taux de pourcentage de fruits dans cette confiture ?

Confiture	650	100
Fruits	390	?

$\times \frac{390}{650}$

Le coefficient de proportionnalité est :
$390 \div 650 = 0{,}6$.
Donc le taux de pourcentage de fruits est :
$100 \times 0{,}6 = 60$ %.

Les mots clés

Édition : Jean-Marc Cheminée
Maquette intérieure : Frédéric Jély, Primo & Primo
Cartes mentales : Domino

Illustrations : Adrien Siroy (dessins de la chouette), Stéphane Mattern, Clémence Itssaga
Mise en pages : Grafatom-Lasergraphie

Achevé d'imprimer en Italie par G. Canale & C. S.p.A.
Dépôt légal n° 05126-3/01 - Novembre 2018

PAPIER À BASE DE FIBRES CERTIFIÉES

Hatier s'engage pour l'environnement en réduisant l'empreinte carbone de ses livres. Celle de cet exemplaire est de :
600 g éq. CO_2
Rendez-vous sur www.hatier-durable.fr